Justice Camerounaise

Justice camerounaise,
Affaire Yves Michel Fotso
Contre…
Apprentis Sorciers ou l'imparfait de la civilisation en Afrique

– JEAN ROBERT MBANÉ –

An environmentally friendly book printed and bound in England by
www.printondemand-worldwide.com

Mixed Sources
Product group from well-managed forests, and other controlled sources
www.fsc.org Cert no. TT-COC-002641
© 1996 Forest Stewardship Council

PEFC Certified
This product is from sustainably managed forests and controlled sources
www.pefc.org

This book is made entirely of chain-of-custody materials

www.fast-print.net/store.php

Justice Camerounaise
Affaire Yves Michel Fotso
Contre… Apprentis Sorciers ou l'imparfait de la civilisation en Afrique

ISBN 978-184426-967-1

First published 2011 by
FASTPRINT PUBLISHING
Peterborough, England.

Justice camerounaise,
Affaire Yves Michel Fotso
Contre…
Apprentis Sorciers ou l'imparfait de la civilisation en Afrique

Avertissement

Que je sois africain, camerounais, ou simplement bamiléké comme Yves Michel Fotso est une pure coincidence.

C'est aussi une pure coincidence que la plupart de ceux qui croupissent dans les prisons camerounaises soient d'une même zone ethnique, tribale, clanique que le chef de l'état Paul Biya. C'est également une pure coincidence que ces prisonniers de <<l'opération épervier>> soient du Rassemblement Démocratique du Peuple Camerounais.

Comme je l'ai dit dans un ouvrage précédent, au Cameroun aujourd'hui il n'y a que deux tribus, deux ethnies, deux clans, deux classes sociales. Il y a l'ethnie des tortionnaires, prébendiers, profiteurs, thuriféraires, corrompus, d'une part, et celle des suppliciés et souffre-douleur d'autre part. Le Cameroun reste uni et indivisible dans cette diversité et cette pluralité.

Dédicace.

Je dédie ce livre au combattant anonyme
L'émergence des *Peuples* Noirs ne se fera qu'au prix de ta lutte.

Remerciements

Je remercie toutes les personnes physiques et morales qui ont contribué de près ou de loin, de quelque manière que ce soit à la publication de cet ouvrage.

Je remercie aussi toute ma famille et tous mes amis pour leur soutien indéfectible.

Avant propos

La campagne d'assainissement des moeurs au cameroun laissera t-elle la proie pour s'attaquer à l'ombre ? Au regard de multiples détours et soubresauts qu'est en train de prendre « L'opération Epervier », il va sans dire qu'on n'est pas loin d'une situation de confusion to tale où la justice populaire et les rumeurs prendront le pas sur la justice institutionnelle.

Et pourtant, il y a déja plus d'une vingtaine d'années que quelques camerounais, avisés, attiraient l'attention de monsieur Biya sur l'enrichissement insolent de certains de ses compatriotes. L'homme du 6 novembre, miraculé au sens propre comme au figuré, plutôt soucieux de soigner son image devant les Camerounais et gagner la confiance de quelques personnes naïves, avait demandé des preuves. Et depuis lors, la lutte contre la corruption, le détournement du bien public, est un devenu véritables serpent de mer. Prenant tour à tour le pseudonyme de « Opération antilope », où devaient être traquées les baleines de « Siguippe » avec la responsabilité de purifier régulièrement le fichier solde de l'Etat.

Entre les mailles de tous ces dispositifs de traque des indélicats de la société, la corruption, les détournements des deniers publics et tout autre forme d'enrichissement sans justification ont gagné en intensité et c'est ainsi que plus d'une fois, le Cameroun a été cité comme le pays le plus corrompu du monde et mauvais risque pour les affaires. Diverses formes d'extorsion d'argent se sont développées, soutenues par une sémantique variée. De la corruption à la « Feymania » en passant par les détournements de fonds publics, certains Camerounais n'éprouvent plus de scrupules à spolier l'Etat et les individus. L'on ne parle pas ici de braquages spectaculaires fréquents au cours desquels des dizaines, voire des centaines de millions de francs CFA sont parfois emportés. Certaines personnes n'ont d'ailleurs pas hésité à voir derrière ces actes, une organisation bien structurée, chapeautée par des individus appartenant à l'armée, la police ou la gendarmerie.

En un quart de siècle du régime Biya, la paupérisation de la majorité a si bien sapé le moral des populations qu'il n'existe plus aucune morale, aucun sens de l'éthique et d'humanisme dans la société camerounaise. Même le vol n'a rien d'un simple larsin, mais se révèle chez la plupart comme un moyen de vie. Si dans la junte féminine, beaucoup font le trottoir pour nourrir leurs enfants, les soigner et les envoyer à l'école, beaucoup d'hommes doivent trimer pour remplir leur obligations envers leur famille et la société en général. Dans chaque ville du cameroun, existe un ou plusieurs couloirs où l'on peut payer les services sexuels des femmes de tout âge. Et pourtant, dans un pays moderne, aucune femme ne devrait se prostituer pour un gagne pain. Dans chaque ville du pays, existe un ou plusieurs couloirs où l'on est certain de se faire agresser et déposséder de ses biens si on y circule à partir d'une certaine heure de la nuit. La ville ou le milieu urbain en général, n'est plus le lieu d'éclosion et d'épanouissement des talents et des performances.... et si beaucoup de nos citadins ne retournent pas au village ou dans les campagnes qui les ont vu naître ou peut être leurs parents, c'est parce qu'ils ont honte d'y revenir bredouilles.

En campagne, on dépend du vent qui va secouer l'arbre et faire tomber le bois mort pour le chauffage. On dépend également de la pluie qui va tomber et faire pousser les champignons de terre, nécessaire pour le repas familial. En campagne on dépend du soleil qui va sécher et faire mûrir le rare fruit nécessaire au petit commerce sur le seuil de la porte. En campagne, c'est le défi permanent avec le singe qui risque d'arriver un peu plus tôt sur le régime de banane au champs et sevrer la famille de son repas quotidien. C'est le défi permanent avec les bestioles, (rats, cafards, souris etc...) qui risquent de détruire le peu de provision devant permettre de subsister jusqu'à la récolte prochaine. Et même si certaines personnes peuvent arguer que l'homme de la campagne, par rapport au citadin, bénéficie au moins de la gratuité de l'eau, il faut bien s'interroger sur la qualité de celle-ci.

Il faut bien dire que devant ce malaise généralisé, l'enrichissement et la richesse insolentes de certains camerounais ne manquent pas de susciter des interrogations et créer des suspicions, du moins chez l'homme de la rue. Ces interrogations et ces suspicions sont confortées par l'image internationale peu reluisante du Cameroun en matière de gouvernance et de gestion, la témérité et l'entêtement presque idiot d'un chef d'Etat qui tarde à faire appliquer les dispositions de la constitution consacrant la transparance dans la gestion du pays. Il y a cette culture du secret et de l'opacité construite et entretenue par le système qui s'étend jusque même au niveau de la famille. Peu sont les conjoints qui pourront déclarer leurs revenus à leur partenaire et pire, à leurs enfants. La responsabilité se transforme en culpabilité qu'on rejette nécèssairement sur l'autre. Tous les actes dans l'administration, même celui d'un chef de service, sont pris au nom du chef de l'Etat, qui ne rend pas suffisamment compte au peuple de qui il tient pourtant son mandat. Il n'est pas exagéré de penser que le

Camerounais a définitivement une fixation au stade de l'enfance.

Au regard de tout ce qui précède, il est donc logique qu'au jour d'aujourd'hui, l' « E'pervier » plane sur la tête de la majorité des Camerounais et aussi, pour en référer au cas du général Sani Abacha du Nigeria, sur la tête des morts. Il ne serait donc pas absurde, dans le cadre d'une opération de rappatriement des fonds planqués pour la plupart dans des banques occidentales, de recouvrer cet argent injustement détourné du contribuable par certains Camerounais. Le risque de ne pas le faire étant ici que, comme cela s'est passé ou se passe dans plusieurs pays africains, leurs progénitures puissent hériter de ces fonds et armer des milices aux fins de destabiliser le pays. Par ailleurs, comme le montrent à suffisance les chiffres officiels, environ 2 000 milliards de CFA ont été détournés au Cameroun entre 1997 et 2004. De l'argent qui aurait permis, selon les experts financiers, d'acheter au moins un bœing 777, construire 3 barrages hydroélectriques, 50 stades de football, et 100 gymnases sportifs ; lancer deux satellites de communication, offrir un ordinateur à tous les étudiants réussissant le baccalauréat ou le GCE, construire 10 hôpitaux de référence, construire 1000 écoles primaires, accorder une bourse de 75 000 CFA par mois à tous les étudiants de l'enseignement supérieur.

La seule réserve qu'on peut formuler est que cette opération « Epervier » ne doit pas être à tête chercheuse. Un « Epervier » politiquement ou culturellement orienté. Il est important que cet « Oiseau », dont l'objectif avoué est d'assainir et non de niveler par le bas les moeurs des camerounais, soit un instrument entre les mains de Camerounais compétents, intègres et honnêtes pour dire simplement le droit et rendre une justice transparente et équitable.

En prenant l'opinion nationale et internationale à témoin contre toutes les allégations portées sur sa personne et ses activités, le sarcasme médiatique d'une presse à la solde, Yves

Michel Fotso envoie plus d'un message. Pour moi, il dit non à cette Afrique des bénis oui-oui, des humiliés, des supliciés à cette Afrique de la chicotte de papa ou du maître, des brimades du patron et de la brutalité de la police; véritable fardeau séculaire que nous ont legué les missionnaires chrétiens dans leur mission d'évangélisation et de civilisation. Il dit non à cette Afrique de « papa m'a dit », cette Afrique de la timidité, de la nonchalence, de la léthargie, de la soumission totale même à l'autoritè batarde d'un imbècile, de la victime qui se fait complice de son bourreau, cette Afrique des intellectuels clochards et poltrons, des docteurs en doctora oisifs et colporteurs des savoirs.

L'intervention publique et médiatique de monsieur Fotso sonne aussi comme un non cinglant à ces gueux du savoir qui ont étalé toute leur idiotie pendant les émeutes de la faim de février 2008 au Cameroun. La sortie du ministre Camerounais de la Communication après cet entretien avec la presse n'est purement et simplement aux yeux de bien de gens qu'une grosse insulte à l'homme noir. L'homme qui marchera toujours dans les ténébres et subira tous les malheurs du monde. En essayant d'intimider les journalistes ayant pris part à cet échange, on peut se demander si c'est bien une contribution à l'apaisement de la démocratic comme le veut « l'homme lion » ? Pourquoi monsieur le ministre de la Communication, n'a-t-il pas adressé cette même mise en garde à l'hebdomadaire Jeune Afrique qui a publié en premier un entretien similaire de Yves Michel Fotso en début d'année? Pourquoi le Ministre n'a-t-il pas interdit la vente de ce journal au Cameroun? Pourquoi ne mobilise-t-il pas sa « racaille » d'experts pour effacer cet entretien sur internet? Le Ministre est simplement hors du temps, hors sujet comme certains pourront le dire. Dans sa démarche maladroite, le ministre de la Communication cite en lieu et place du procureur général ou même du ministre de la Justice, les articles du code pénal « Colonial » dans sa radio, sa télévision et son journal qui sont étrangement financés par l'argent des impôts du contribuable. D'où vient cet excès de zèle de ce haut cadre du tiers monde, si ce n'est de la seule volonté de contenter le Prince? ou encore de divertir ceux que monsieur Fotso, dans son entretien, dénoncent comme étant dans l'ombre en train de tirer les ficelles pour alimenter la polémique.

Dans un des rares entretiens que j'ai eus avec l'antropologue Sévérin Cécile Abèga il y a quelques années, l'homme de lettres s'étonnait de ce que le phénomène d'héritage au Cameroun et partout dans le continent noir était à quelques exceptions près, un échec. Que cela se fasse au sein de la famille ou de la nation, passer d'une génération à une autre, observait-il, est presque toujours un chaos. Il n'y a qu'à considérer les familles des 100 premiers politiciens, les 100 premiers intellectuels ; les 100 premiers hommes d'affaire du Cameroun; combien sont celles de leurs progénitures qui ont embrassé avec un succès relatif ou réel une carrière de politicien, d'intellectuel ou d'homme d'affaire. Le théâtre se résumant généralement après le géniteur, par des luttes intestines parfois sanglantes et mortelles ou, au contraire, par le désintéressement pur et simple du dur labeur qu'il a dû déployer pour accumuler cet héritage. Or, plusieurs Camerounais vous diront avec une conviction ferme que le cas de la famille Fotso est particulier. Malgré de nombreux diplômes que Fotso fils a engrangé dans les universités américaines, il a pensé qu'il pouvait revenir continuer l'oeuvre du père, aider à réduire le chômage des jeunes et stimuler la croissance économique de son pays.

Les autorités du système, conscientes de ces enjeux, décident pourtant de lui retirer son passport pour plusieurs mois et posent de ce fait un acte cynique gratuit sans pareil. Cet acte amène n'importe quel observateur à penser que la simple personne de Yves Michel Fotso est un pis aller au travers duquel les dirigeants veulent détruire l'empire Fotso qui pèse quelques 500 millards de francs CFA. Ou encore que certaines personnes voudraient semer le silence autour d'eux pour mieux dissimuler le pot aux roses de la corruption et des détournements des fonds publics.

Néanmoins, l'acte de Yves Michel interpelle non seulement les Camerounais d'aujourd'hui au nom duquel cette justice est rendue, mais aussi les Camerounais des générations futures qui seront libres d'accepter ou de rejeter cette justice. L'histoire nous enseigne que même dans les pays dits civilisés, des jugements ont été repris bien des dizaines d'années après que la justice ait été rendue à toutes les instances. (Cf l'affaire Dreyfus en France). L'acte courageux de monsieur Fotso est un acte solitaire d'émancipation, de révolte, de révolution et même de rebellion dont chaque Camerounais, chaque Africain devrait pouvoir s'en inspirer au quotidien. Il va sans dire que l'expérience d'un individu, la vie d'un homme peut changer le destin de tout un peuple. L'indépendance des Africains et la prospérité en Afrique est aussi à ce prix.

Au Cameroun comme partout ailleurs en Afrique, la mission de civilisation avait pour but essentiel de sortir l'homme noir de sa barbarie et de sa sauvagerie. Tant mieux si cette mission venait de l'occident, les africains devaient dès lors adopter de nouvelles attitudes et de nouveaux comportements qui devaient de jour en jour les rapprocher ou les identifier par rapport aux occidentaux. Pour s'identifier aux occidentaux, ils devaient renier leurs multiples dieux et ne reconnaître qu'un seul que seules les églises et les chapelles ont l'aptitude et l'autorisation d'en parler. Les africains devaient aussi rejeter leurs multiples dialectes et patois afin de se comprendre les uns les autres.

L'école occidentale a servi de socle à la naissance de ces nouveaux africains qui n'ont plus de nègre que leur peau grillée par le soleil. On aurait aujourd'hui beaucoup de peine à établir une différence entre un occidental et un africain si ce dernier n'éructait plus de temps à autre quelques résidus de comportement atavistique qui jadis caractérisa son ancêtre. De ces comportements atavistiques sur lesquels certains systèmes judiciaires comme ceux de Yaoundé ou de Bangui puisent leurs éléments de preuve, on peut noter la croyance et ou la dépendance à la magie, à la sorcellerie, à la rumeur infondée. Ces africains ont construit de belles églises et chapelles partout, mais le mouvement d'une souris leur fait courir à leur bible pour évoquer le diable. Leurs magistrats sont formés dans leurs plus belles écoles et académies, mais leurs savoirs Cartésiens ne les empêchent pas de tenir pour élément de preuve la rumeur qui circule entre vendeuses à la sauvette d'une ruelle de quartier.

Tel est le cas actuel du procès qui est aujourd'hui intenté à Yves Michel Fotso. Ce procès en sorcellerie dit tout sur la représentation sociale de la réalité chez l'africain. Il est difficile, même pour l'esprit le plus ingénieux, de comprendre qu'en plein 21e siècle, un homme soit privé de liberté sous le prétexte que la rumeur fait de lui un suspect ou un coupable. Suspect ou coupable de quoi ? C'est chaque bouche qui, à Douala ou à Yaoundé, vous dira qu'il a été pris la main dans le sac. Tant pis si les versions et les histoires diffèrent d'un individu à l'autre.

La malédiction de l'homme noir, c'est-à-dire celui qui habite essentiellement l'Afrique est originelle.

La faute de Caïn continue de descendre sur lui et sa descendance pour des siècles et des siècles. Les jours se suivent et se ressemblent étrangement sous les tropiques. Le temps peut bien nous séparer de l'époque où nos aïeuls n'étaient que des indigènes aux us et coutumes « barbares et sauvages », mais nous ne sommes pas loin de ces croyances dont certaines pratiques étaient basées sur le bannissement et l'exclusion de tout ce qui entrait en disgrâce avec le clan. La civilisation avait donc pour but, comme pouvaient le rappeler nos pères dans la première version de notre hymne national, de le « sortir peu à peu de la barbarie et de la sauvagerie ».

Dans un passé pas très lointain, toute marque de richesse matérielle envoyait. au « Famla » ou encore cette sorte de société secrète et mystique dans laquelle certaines personnes « vendaient » leurs proches pour devenir riches, ou cette sorte de voyage mystique encore appelé « KOUPE » où des gens ordinaires avaient le pouvoir de s'y rendre pour ramener les biens ou même des malheurs de toutes sortes.

Ainsi donc, toutes richesses, étaient suspectes, tout avait une relation avec le mystique et le mystérieux ; il n'y avait pas de place pour l'effort personnel et individuel.

Aujourd'hui, les routes bitumées traversent de parts en parts le territoire national, elles ont même fait reculer les limites de ces sortes de croyances. Les lumières des lampes incandescentes éclairent même les coins les plus reculés de plusieurs localités. Les coins réputés être ceux du « Koupe » sont même devenus dans plusieurs localités des centres culturels, des palais de sports, des centres de loisirs de toutes sortes, des supermarchés, des écoles ou des centres de santé.

Avec toutes ces avancées, on aurait pu attendre que le changement des mentalités accompagne où elle n'a pas précédé. Mais que non, tout signe de bien être ou d'aisance matérielle renvoie automatiquement chez le camerounais ordinaire aux pratiques obscures. Aujourd'hui, montrez des signes d'aisance matérielle à Yaoundé, et beaucoup ne tarderont pas à voir en vous quelqu'un qui a donné son « derrière », c'est-à-dire qui est devenu homosexuel pour s'enrichir ; Nous n'en voulons pour preuve que cette liste, pourtant très médiatisée par quelques obscurs journalistes, des personnalités qui a défrayé la chronique au Cameroun en 2006. Ne faites pas la manche, et on dira que vous appartenez à une secte ; travaillez dur et sacrifier l'essentiel de votre revenu dans l'éducation de vos enfants et on vous accusera de detourneurs des biens publics ou simplement de corruption. Le camerounais n'arrive toujours pas à croire en lui-même. Il a appris la géométrie, pratique quotidiennement l'algèbre, mais n'arrive pas toujours à comprendre que la réussite sociale peut aussi être l'aboutissement d'un effort personnel.

C'est sans doute ce que nos gouvernants comprennent mal. C'est sans doute pourquoi, ils s'acharnent aujourd'hui avec une haine viscérale sur Yves Michel Fotso dont la seule faute est d'avoir accepté une responsabilité dans leur panier à crabes.

Que lui reprochez vous ? Sa naissance ou sa fortune ?

Ce n'est pas de sa faute s'il est né d'un père milliardaire ;

Ce n'est pas de sa faute s'il a été éduqué dans les plus prestigieuses universités du monde ;

Ce n'est nullement non plus de sa faute s'il a transformé l'artisanat de son père en un empire financier. Ce n'est pas de sa faute s'il a des ambitions qui sont difficiles à envisager chez le commun des camerounais.

Une attitude de Yves Michel

Note de l'auteur à Yves Michel Fotso.

A toi grand frère,
Qui n'a rien fait pour mériter leur opprobre aujourd'hui.
Tes voyages à travers le monde t'ont convaincu que l'action d'un individu, -l'effort d'un homme- pouvait changer le destin d'un peuple, et peut être de l'humanité.

La folie de la jeunesse t'a amené à penser que tu pouvais mettre de l'ordre même dans le chaos le plus indescriptible.

Dans ta témérité, tu n'as pas voulu croire à la malédiction de Caïn.

Tu n'as écrit aucune demande d'emploi pour travailler dans leur coquille vide qui s'appelait Cameroon Airlines. Leur panier à crabes ne t'intéressait nullement lorsqu'à la fin de tes études, tu as décidé de rentrer travailler dans ton pays. Une fois revenu auprès de tes ancêtres, tu t'es mis au travail, tu as travaillé et tu as fait travailler de centaines de milliers de camerounais jusqu'au jour où, envieux ou jaloux, ils t'ont fait la proposition de les aider. Ils ont joué sur ton éducation de bon enfant et ta foi d'honnête chrétien. Ce n'était qu'un jeu que tu n'avais pas compris, que tu ne pouvais pas comprendre parce que tu voulais briser le signe indien de la malédiction des Noirs. Tu avais les moyens et la volonté. Avec toi, la Cameroon Airlines, qui était déjà dans les oubliettes a été ressuscitée, elle a eu une vie nouvelle, de nouvelles destinations, de nouveaux clients, bref une renommée.

Tu as appris à leurs racailles à tout faire, même à s'aligner et attendre leur tour de passage, d'avancer seulement quand le feu est passé au vert, d'être au moins à l'heure quand ils veulent prendre l'avion.

Comme le frère Célestin Monga, tu aurais pu dire non à leur nègrerie. Aujourd'hui, sans raison, ils te livrent, bras et jambes liés à leur vindicte populaire.

Tes enfants ne peuvent plus descendre dans la rue sans être montrés du doigt moqueur ; tes parents hésitent déjà de prononcer ton nom en public de peur d'ostracisme ;

Hier c'était ton gardien,

Aujourd'hui, c'est tambours battant, violons et clarinettes sonnants contre toi….. Les sbires ont élu domicile au seuil de ta barrière, effrayant tout le monde, même ton chien et les oiseaux qui prenaient plaisir à picorer dans ton jardin. Depuis 10 ans, ils ont fait de toi un réfugié dans ton propre pays.

Mais, courageusement, tu leur montres que le temps où ils baladaient cyniquement les têtes sanguinolentes de nos parents et grands-parents devant un public médusé et apeuré est passé. Le temps où ils faisaient voyager de jeunes hommes, espoir de la nation dans des wagons hermétiquement fermés de trains marchandises est passé. Le temps est passé où leur seule réponse était le viol collectif et répété de nos sœurs dans leur camp de « concentration ». Le temps est passé où la seule suspicion valait culpabilité et condamnation.

Ta première réponse avait quelque peu tempéré leur ardeur débile et lorsqu'ils t'ont restitué ton passeport, nous avions tous poussé un ouf de soulagement ; comme l'hydre de mer, comme du mauvais gazon, ils ont régénéré et sont revenus à la charge avec plus de témérité.

Nous allons résister et ils prendront tout le temps de bien frotter leur branlette sur le creux des femmes nues de musée.

L'une des choses importantes que j'ai apprises à l'école du Père Hepga, c'est que « l'action vaut la réaction », et l'on peut imaginer combien de mal ces tortionnaires se font depuis 10 ans en cherchant la preuve de ta culpabilité ; combien de mal ils se feront en lisant leur verdict qui est déjà connu d'avance.

Un passeport n'est rien d'autre qu'un bout de papier et si tu n'avais pas choisi de les confronter à leurs propres turpitudes, tu aurais pu te déguiser en femme et te sauver dans un pays voisin ; comme l'a fait Bello Bouba Maïgari. Tu aurais pu pratiquer une fois de ta vie leur sport national, « mouiller la barbe » à leurs soudards de policier et prendre ton vol régulier pour un pays étranger. Tu aurais même pu marcher à pied et demander refuge dans un pays voisin.

Cher Grand frère,

Tu as choisi la voix de la résistance, parce que tu es convaincu que l'histoire du Cameroun ne s'arrête pas et ne s'arrêtera pas avec eux. L'histoire du Cameroun ne s'arrêtera pas parce qu'un individu s'appelle Paul Biya, né à Mvog-meka, parce qu'il a réduit vingt millions de camerounais à l'obéissance servile et à la peur par les brimades policières, le sous-emploi, le chômage, la famine, la précarité et l'insécurité sociale. Tu es convaincu que l'histoire du Cameroun ne s'arrêtera pas parce que quelqu'un s'appelle John Fru Ndi et qu'il est si stupide qu'en 20 ans d'opposition politique, il est allé de tout à rien. L'histoire du Cameroun ne s'arrêtera pas parce qu'il y a des opposants farfelus dont le seul objectif est d'occuper un poste de ministre dans n'importe quel gouvernement et de faire recruter dans la fonction publique ou simplement dans leur secrétariat particulier leur frère du village.

Ton courage est plutôt pédagogique et inspirera sans doute bien de générations de camerounais qui seront soumis à d'autres formes d'oppression de l'Etat ou même de leur propre entourage.

Ton courage inspirera de jeunes camerounais et ils seront nombreux, ceux qui ne feront plus de la fièvre à la simple vue du policier cagoulé comme c'est le cas depuis 50 ans. Ils seront nombreux à ne plus exprimer leurs frustrations dans la violence et la brutalité comme ce fut le cas en 1992 ou récemment en février 2008. Même ceux qui seront appelés à exercer un pouvoir quelconque ne fonderont pas leur admiration sur les brimades, la terreur et la peur.

Si la peur de Dieu est le début de la sagesse, il n'est pas sûr que la peur du gendarme soit le commencement de la sagesse comme beaucoup de gens veulent nous faire croire. La peur du gendarme camerounais accule le citoyen aux bords de l'absurdité et de l'infamie ; le gendarme camerounais n'est pas du tout à craindre, car il n'a de pouvoir que la confusion ; il tire son pouvoir des ténèbres. Qu'il s'exprime dans un cadre familial, local, régional ou national, le pouvoir camerounais est essentiellement tyrannique.

Si Dieu est l'incarnation de la sagesse, du discernement, de la compréhension, de la tempérance, de la tolérance, dc la vertu, de l'éthique, de la justice, on ne saurait dire au regard de ce qui se passe dans notre triangle national que Dieu existe au Cameroun. Prenons cet exemple simple :

Acte 1 : l'enfant très tôt est sorti de son lit (pour celui qui a la chance de se coucher sur un lit) avec la chicote, pas le temps de lui expliquer les motifs de cette brutalité. Il est aussitôt mis sur le chemin de l'école.

Acte 2 : le maître l'accueille au seuil de la salle de classe avec la même violence sinon plus sévère ; il lui apprend des choses dont lui même n'y comprend absolument rien ; il ne se donne pas la peine d'expliquer à notre bout de chou, la nécessité, l'utilité de ce qu'il lui apprend ; l'enfant apprend tout cela pour satisfaire la curiosité du maître et éviter la chicote. Il doit réciter pour faire plaisir à ses parents et pour s'épargner de la férule du maître.

Acte 3 : Au bout de ce parcours, les plus chanceux sortent avec un ou des parchemins qui ne leur seront utiles que s'ils trouvent un poste de scribe dans un bureau poussiéreux d'une mansarde... Ce n'est pas ici que la violence et la brutalité cessent. Il est devenu un travailleur ou mieux un maillon de la chaine de travail qui va faire face à la violence du patron ou de l'Etat qui ne lui donne pas l'occasion de comprendre quelque chose dans son travail. Il n'y a qu'à prendre pour exemple les éléphants blancs que l'on trouve partout sur l'étendue du territoire camerounais. Ces projets dans lesquels des centaines de milliards de francs CFA ont été engloutis et qui n'ont jamais rendu un seul service au commun des camerounais. Il n'y a qu'à considérer aussi ces ponts qui s'écroulent sous le poids du premier véhicule. Il n'y a qu'à considérer, pour se rendre compte de l'absurdité du camerounais, ces immeubles en construction qui s'affaissent ça et là dans les différentes villes du Cameroun.

Ce qui nous fait dire que Dieu ne se manifeste pas par l'acharnement, le harcèlement, le chantage, la brutalité, la violence, les brimades. Par contre le gendarme, comme il apparaît dans notre vie quotidienne, il y a de mauvais gendarmes comme il y a de mauvais pères, de mauvais maris, de mauvais maîtres, de mauvais pasteurs, de mauvais prêtre, de mauvais imams ou simplement de mauvais compagnons. Si nous ne pouvons refuser l'autorité même du plus téméraire des diables, nous pouvons lui refuser notre respect. Alors pourquoi se soumettre sans mot dire à l'autorité de ce qui est mauvais ? On devrait parler du respect de Dieu et non de la peur de Dieu. Notre sens commun en tant qu'être humain ne nous dispose pas à aimer ce dont nous avons peur. On peut flatter le méchant, mais cela n'exclut pas la méfiance dont on devrait avoir envers lui.

C'est résolument ce que toi, Yves Michel Fotso n'avais pas compris, toi qui n'avais pas besoin de flatter le méchant.

Tu as pensé un seul instant que les choses devaient se passer comme elles se passaient là où tu avais fait tes études. Tu as pensé qu'en tendant ta main au diable, tu allais le tirer de son enfer. Tu as oublié que le sort de l'homme noir est scellé depuis la malédiction de Caïn. Il a beau avoir tous les minerais sous ses pieds, cela ne lui empêche pas de dévaluer sa monnaie, de vivre sous ajustement structurel, et d'accepter ce titre honteusement honorable de pays pauvres très endetté. Ses rivières ont beau être poissonneuses, sa végétation a beau resté verte, il a beau avoir toute la richesse du sol à portée de main, cela ne prévient pas qu'il meurt de famine, qu'il soit celui qui se nourrit le plus mal. Les mers et les fleuves ont beau traversé son territoire de part en part, il ne reste pas moins qu'il meurt de soif ; qu'il s'éclaire encore à la lampe tempête ou qu'il ne s'éclaire même pas du tout ; il décime sa forêt pour se chauffer et cuire ses aliments. Il a beau accumulé des parchemins divers et variés, cela ne change rien à sa conviction que les chiques naissent du pied, que la gale prend son origine dans les fesses, que les poux viennent des cheveux, que la diarrhée naît de l'intestin, que les vers naissent des fruits.

Il a accepté le Dieu des occidentaux sans prendre la peine de le connaître, mais tous les jours, il adore, il glorifie, il pratique la calomnie, la jalousie, la médisance, la flagornerie, la supercherie, la tricherie, la tromperie, la méchanceté, la ruse, la perfidie, l'injustice. Le mensonge est sa règle d'or.

Si ailleurs la croyance en un Dieu, tout puissant, créateur du ciel et de la terre a permis de construire une société plus juste, égalitaire et prospère, si ailleurs la croyance en un Dieu a reculé les limites de l'ignorance et favorisé le bien être des populations, il n'en va pas de même dans notre pays. Au Cameroun, on croit en Dieu, mais d'une autre façon, toute autorité est absolue, quelle soit celle des parents sur leurs enfants, celle du mari sur sa femme, celle du maître sur l'élève, celle du patron sur l'employé, ou même du gouvernement sur le citoyen le contribuable. Au Cameroun, toute autorité est irrévocable, même celui du plus insensé.

C'est cette autorité de l'insensé qui t'a humilié des années durant, retirant ton passeport à maintes reprises, organisant au seuil de la porte de ta chambre à coucher et à la cour de ton entreprise des spectacles macabres pour nourrir leur public de gueux et de sordides désœuvrés, c'est cette autorité de l'insensé qui t'a tiré de ton lit de malade, qui t'a baladé en sandale, en tricot et en petite culote, (quel accoutrement digne de Jésus portant sa croix à Golgotha?). Devant une audience que tu n'avais pas invitée; c'est elle qui t'a acculé aujourd'hui mon cher Yves Michel au fond d'une cellule infeste. On assistera tous à leur parodie de justice, leur justice qui a envoyé en geôle de jeunes filles et garçons (fer de lance de la nation) qui avaient osé crier famine. Oui, ils les ont envoyés, alors que beaucoup, la grande majorité n'avaient même pas bénéficié d'assistance judiciaire.

Ces jeunes avaient osé crier famine chez eux, dans leur propre pays, devant leurs propres parents, devant leurs propres gouvernants. Toi, tu as osé leur parler, en utilisant les médias nationaux, les médias que le médium de la démocratie avait autorisés. Tu as osé donner leur pouvoir sacré dans la rue en prenant à témoin le commun des camerounais. En prenant à témoin, celui qui, comme toi se couche tard et se lève tôt, à celui qui ne prend pas de vacances à la baule ou à Baden Baden. Tu as pris à témoin, celui qui attend le vent pour chercher du bois, qui attend la crue pour manger du poisson, celui qui, comme toi attend la pluie pour cueillir le champignon.

En effet, ce n'est pas de ta faute si le camerounais normal se satisfait de sa médiocrité, si à Yaoundé ou à Douala, villes de référence, il accepte de vivre sans eau courante pendant des mois, s'il accepte les coupures intempestives d'électricité qui durent des heures, voire des journées.

Ce n'est pas de ta faute, si en 2010, le commun des camerounais meurt de choléra, s'il accepte cette maladie d'une autre époque comme une fatalité, ce n'est pas de ta faute si la grande majorité des diplômés camerounais n'ont pour autre débouché que la pratique des photocopieuses au bord des rues lorsqu'ils n'ont pas trouvé un poste de manœuvre quelque part où ils seront sous-payés ; ce n'est pas de ta faute s'il y a plus de gesticulations nocturnes dans toutes les rues des grandes villes où nos jeunes filles s'exposent inutilement aux maladies sexuellement transmissibles, où les jeunes hommes se transforment en brigands, braqueurs et autres voleurs par nécessité. Ce n'est pas de ta faute si 50 ans après les indépendances, la fonction publique au Cameroun reste le premier employeur du pays.

Ce n'est pas de ta faute si cette fonction publique n'est faite que de sous-fifres, carriéristes qui baissent instamment la culotte devant quelques fonctionnaires aigris de la Banque mondiale et de ses affidés.

Ce n'est pas de ta faute si en 50 ans d'indépendance, le Cameroun a gagné plus d'une fois la palme d'or mondiale de la corruption.

Ce n'est pas de ta faute si le marché de l'emploi au Cameroun est confisqué par les francs tireurs et les esclavagistes, excluant de fait 90% de citoyens de la sécurité sociale ou même de la jouissance d'un salaire décent. Ce n'est pas de ta faute si l'essentiel des recettes fiscales et douanières ne bénéficie qu'à une classe oligarchique et que le Cameroun ne compte que sur la magnanimité et la charité des pays amis pour financer son développement.

Cher grand frère, la solitude que tu vis au fond de cette cellule est aussi la mienne, elle est aussi celle du commun des camerounais à qui tu as fait confiance en lui disant ta part de vérité. Personne ne peut encore imaginer combien de moustiques, ces insectes vampires, ont joué leur musique macabre au creux de ton oreille ; personne ne peut imaginer combien se sont déjà nourris de ton sang. Ne fais pas attention à ces cafards et à ces souris qui s'inviteront à ton repas. Tu es un brave garçon, tu es la fierté pour une génération, et la douleur de leur supplice n'enlèvera rien à ta détermination à vivre et à bien vivre. Je suis fier de toi, nous sommes fiers de toi, la jeunesse camerounaise est fière de toi et tu t'en sortiras sans être transpercé par les griffes du diable.

Yves Michel Fotso
Prend ici à témoin
Le Camerounais ordinaire afin que plus jamais
l'histoire ne se repète.
Dans l'entretien suivant
il démontre à suffisance qu'il n'a jamais de près
ou de loin été associé aux malversations de quelque
nature que cela soit.

Cet entretien a été accordé à plusieurs Journalistes et hommes de média du Cameroun. Il a été aussi relayé par plusieurs médias internationaux à travers le monde.

La sérénite dans le geste face aux journalistes et hommes des médias à Douala

Quel est l'état d'esprit de Monsieur FOTSO aujourd'hui, au moment où une partie de l'opinion publique le donne pour prisonnier potentiel en ceci que votre arrestation serait imminente aux dires d'une certaine rumeur. Comment vous sentez-vous ?

Je suis serein, comme du reste vous pouvez le constater. Quant à ce qui concerne la rumeur, si elle pouvait tuer je serai déjà un homme mort. Dieu merci la justice populaire n'a pas droit de cité dans un Etat de droit, et la justice, la vraie, fait fi de la rumeur.

Vous êtes plus régulier, semble t-il, dans votre résidence de Bandjoun ces derniers temps. Certaines de nos sources de Douala et Yaoundé disent d'ailleurs que vous avez fui la capitale économique et politique pour aller vous réfugier auprès de votre père afin de retarder le plus possible votre arrestation. Comment appréciez-vous cette compréhension de vos mouvements à l'intérieur du pays ?

Je pense d'abord que ces personnes sont très mal informées. J'ai passé quelque temps au village, à l'Ouest. Mais c'était beaucoup plus pour prendre du recul et préparer les éléments de réponses nécessaires aux enquêteurs. Sachez qu'au cours de ces quatre derniers mois, j'ai produit plus de 25 000 pages de documents fournis aux diverses autorités judiciaires et autres. Le faire nécessite beaucoup de temps et de concentration... En ce qui concerne ma présence au village, quand j'y suis, je vis chez moi et non chez mon père. Du reste, je ne vois pas la différence si l'on envisageait de m'arrêter que ce soit à mon domicile de Bandjoun qu'à celui de Douala. Je suis convaincu que les autorités savent où me trouver. Comprenez donc que je ne me cache pas.

Il se trouve quand même que votre passeport vous a été retiré depuis quelque temps. Pourquoi à votre avis continue-t-on de le retenir? Est-ce qu'on veut restreindre vos mouvements ? Est-ce que cela ne

justifie pas ce que les gens racontent depuis un certain temps sur votre compte ?

Je ne suis pas dans le secret de l'instruction. Mais, il est évident que si on a retiré mon passeport, c'est que les autorités ont estimé que c'était nécessaire pour aider à la manifestation de la vérité. Et si on continue de le retenir, c'est probablement parce qu'elles estiment avoir encore besoin de moi. Et de toute façon quand bien même on le conserverait encore deux mois, trois mois, si cela peut permettre de clarifier une bonne fois pour toute les interrogations qui demeurent, je suis tout à fait disposé à me soumettre à cela. Aucune tentative de fuite ne m'a effleuré l'esprit.

Certaines mauvaises langues disent que c'est pour vous empêcher d'aller vous installer à Singapour. D'autant que vous avez annoncé votre départ pour ce pays il y'a quelques années. Comment vous retrouvez-vous au Cameron empêtré dans ces procédures ?

Je tiens à préciser que lorsque j'ai annoncé que j'allais m'installer à Singapour, il y'avait déjà des rumeurs qui couraient. Il faut que ce soit clair pour tout le monde que je ne m'enfuis pas. J'avais des raisons purement professionnelles de déplacer ma base opérationnelle à Singapour, qui est l'une des principales, voire la principale place financière au monde aujourd'hui, bien sûr en dehors de New York. Je n'ai jamais dis que j'allais en exil et que je demeurerais désormais à Singapour. Et je pense d'ailleurs avoir averti tous mes collaborateurs que je serais, aussi souvent nécessaire que ce sera, au Cameroun. Non plus seulement au Cameroun, mais dans tous les pays, ne serait-ce que d'Afrique où nous avons nos activités.

A la suite des dénonciations du cabinet Sygma, votre nom est revenu ces derniers temps dans les affaires de blanchiment d'argent et autres crimes économiques. Et vous faites l'objet d'une commission rogatoire initiée par la justice suisse. D'abord quelles

sont vos relations avec ce cabinet et son Directeur Général, un certain Francis Nana ?

Je vais vraiment vous surprendre. Mais, je n'ai rencontré jamais ce monsieur. Je ne le connais ni d'Adam, ni d'Eve. Et je suis vraiment surpris qu'il ait trouvé en moi son cheval de Troie, comme on dit, pour porter des coups et tenter de déstabiliser le Groupe Fotso. Donc, Monsieur Nana est seul à connaître les objectifs qu'il poursuit par cette cabale contre ma personne. Pour ce qui est de la commission rogatoire suisse, il ne faut pas que vos lecteurs pensent qu'il y'a une affaire suisse autre que l'affaire camerounaise me concernant. Il n'y a aucune infraction que j'aurais commise sur le territoire Suisse, bien que le groupe ait des activités dans ce pays. Il s'agit tout simplement de la même histoire des 31 millions de dollars que M. Nana est allé transposer en Suisse. Il s'agit des mêmes surfacturations supposées de location d'avions. C'est d'ailleurs pourquoi la justice suisse a été obligée de revenir à la base des supposés délits commis pour être mieux éclairée. Donc, il n'y a pas d'affaire suisse en tant que telle. C'est une affaire camerounaise. Quant à ce qui concerne le fameux Francis Nana, je tiens à préciser, bien que ce ne soit pas l'objet principal de mon propos, qu'il est inconnu en France en la qualité d'expert comptable et commissaire aux comptes français qu'il revendique si pompeusement. Sur la base d'éléments que je vous fournirais, je puis affirmer qu'il est inconnu dans la profession ainsi que me l'a confirmé le président de la Commission des experts comptables en France qui en a été saisi et nous a remercié de lui avoir signalé qu'il y'aurait un imposteur qui se servait de ces titres.

Quelle est votre compréhension de la démarche de M. Nana qui se serait levé un matin sans vous connaître et se serait cru obligé de vous dénoncer ?

Comme je vous l'ai dit, je ne le connais pas. Et ce n'est pas seulement des juges qu'il aura saisi. Il a également saisi sans mandat aucun les ministres de la justice de France et du

Cameroun bien sûr, de Singapour, des Etats-Unis, toutes les chancelleries occidentales basées au Cameroun, la Beac, etc. Est-ce que vous pensez vraiment qu'il s'agisse de l'attitude d'un expert financier au professionnalisme avéré ? Mais, il me semble tout de même que sa démarche révèle une méconnaissance manifeste et particulièrement grave des règles déontologiques et éthiques propres à ce corps de métier ! Je le dis sans risque de me tromper, ce monsieur n'a pas agi comme un expert, mais plutôt comme un exécuteur de basses besognes, allant jusqu'à engager la Camair, toujours sans mandat, dans des procès aux Usa pour lesquels la compagnie a perdu beaucoup d'argent ! S'agissant de ses motivations, au vu de l'acharnement qu'il manifeste à mon encontre, je suis obligé de constater qu'en dehors de l'aspect pécuniaire (il ne faut pas oublier qu'il a envoyé une facture de 4,5 milliards Fcfa à l'Etat camerounais, à la Camair et qu'il menace d'enclencher une procédure pour se faire payer pour le travail qu'il aurait fait), il aurait sans doute cru devenir riche et célèbre grâce à un coup de baguette magique, persuadé d'avoir gagné le jackpot au Cameroun, pays dont il se revendique uniquement lorsqu'il y va de ses intérêts égoïstes, puisqu'il est bien Français ! Je suis désormais convaincu qu'il n'est que la face visible d'un iceberg chargé de la déstabilisation du Groupe Fotso, au-delà de ma bien modeste personne. Des bras beaucoup plus puissants sont sûrement tapis dans l'ombre !

Puisque vous évoquez la Camair, il semble que Monsieur Nana a géré un mandat à la Camair pour des expertises sur votre gestion. Et sur la base de cette affaire de surfacturation, de location des avions de la Camair à la présidence de la République du temps où vous étiez administrateur directeur général, il y a eu une commission rogatoire vous impliquant. De quoi s'agit-il exactement ?

La dernière information que j'ai eue ici à Douala est que la justice a rendu, après deux ans d'instruction, une décision qui annule le mandat qui lui avait été délivré par mon successeur à la tête de la Camair, Monsieur Dakayi Kamga. Un mandat dont l'illégitimité et l'illégalité aurait été constatées par le juge. De source judiciaire, non seulement ce mandat a été annulé, mais la décision de justice rendrait logiquement nul et de nul effet tous les actes posés par M. Nana en rapport avec ledit mandat. S'agissant dudit mandat, quelle expertise avait M. Nana ? Son fameux cabinet Sygma Finance a-t-il eu un seul autre client que la Camair ? Est-ce qu'il a jamais eu à expertiser quoi que ce soit pour le compte de qui que ce soit ? Eh bien, je vous dis non pour avoir mené des investigations sur la question ! Vous savez que le domaine du transport aérien est très complexe. Comment est-ce que quelqu'un qui n'a jamais eu à faire une expertise pour qui que ce soit peut-il s'ériger en expert financier dans l'aéronautique civile ? Je vous fournirai également un document venant de la justice française où il déclare qu'il est impératif qu'on condamne la Camair, qu'il y ait une saisie conservatoire parce que la Camair représente 99,9% de son chiffre d'affaires. Je crois qu'il n'a pas eu le courage de dire 100% !

On a beau ignorer le mandat de M. Nana, mais il reste tout de même qu'il a mené des investigations qui démontreraient votre implication dans la surfacturation, dans des opérations de blanchiment d'argent. J'aimerais que vous donniez votre version des faits. Y a-t-il eu surfacturation ? Y a-t-il eu tentative ou effectivité de blanchiment d'argent ?

M. Nana m'accuse non pas seulement de blanchiment d'argent et de détournement de fonds publics, mais également d'association à une organisation criminelle économique. Vous savez très bien que depuis les évènements du 11 septembre 2001, la chasse à tout ce qui est financement occulte déclenche aussitôt une réaction dans les pays occidentaux. C'est ce qui peut rendre compréhensif le fait que la justice suisse se soit intéressée à cette grave accusation. Pour ce qui est des commissions, on a là encore affaire à un expert qui affirme beaucoup de choses et qui n'apporte aucune preuve de ce qu'il avance. Avez-vous un seul document de M. Nana qui prouve qu'il y a eu surfacturation ? Il affirme que les prix étaient surévalués. Sur quelle base ? Je vous donne un document pour prouver sur la base de la liste de location de la société Uba mondialement reconnue pour sa rigueur dans l'évaluation des coûts des avions. Compte tenu de la situation financière de la Camair et du nombre d'aéronefs - qui n'est pas comparable à celui d'Air France - les prix étaient plutôt bien négociés. Je vous le dis : il n'y a jamais eu de surfacturation. Je vais plus loin. M. Nana est un expert qui affirme qu'il y a eu des surfacturations. Tout n'est pas d'affirmer ; encore faudrait-il qu'il en donne le montant. De combien de milliards s'agit-il, puisque l'on parle toujours en terme de milliards quand il s'agit de Fotso ? C'est simple. Si j'ai surfacturé auprès d'Ansett ou Gia, qu'on lance une commission rogatoire auprès de ces sociétés. Je vous rappelle que la justice américaine a sorti exactement la situation des comptes Gia. Ce document est disponible et il retrace la totalité de l'utilisation de ces fameux 31 millions de dollars. Je puis vous l'assurer, pas un seul de ces dollars n'est arrivé ni dans mes poches, ni dans celles d'une personne qui aurait été d'une manière ou d'une autre proche de moi. Je mets donc au défi ce « grand expert » qui n'a jamais traité aucun dossier autre que celui de la Camair de le prouver. Je le redis, il ne faut pas qu'affirmer. On devrait pouvoir apporter des preuves.

Qu'est-ce qui d'après vous, aurait poussé votre successeur, que vous connaissez, à mettre pour ainsi dire à vos trousses ce cabinet cité plus haut ? Est-ce qu'il avait des raisons de commettre un cabinet pour suivre votre gestion exclusive ?

Je pense qu'il faut replacer les choses dans leur contexte. A supposer que mon successeur ait eu besoin d'une assistance, le mandat dont on parle stipulait l'assistance à la renégociation et à la sortie des appareils de la flotte. Il n'a jamais été question d'aller chercher à savoir quoi que ce soit, du moins, si l'on s'en tient aux stipulations du contrat telles que libellées. M. Nana s'est arrogé le droit, sous le prétexte fallacieux de l'étendue de son mandat, d'outrepasser ses missions. Quand bien même mon successeur M. Dakayi Kamga aurait eu besoin d'une assistance par un cabinet, il aurait dû aller chercher un cabinet qui a une expertise certaine ! Comment peut-il aller signer de gré à gré un contrat qui porte sur 4,5 milliards Fcfa avec un cabinet qui n'est même pas capable de produire une seule lettre de référence. Est-ce que vous ne trouvez pas qu'il y a quelque part quelque chose d'anormal ; ce d'autant que les procédures internes de la Camair relatives aux marchés ne le permettaient guère ?

L'on s'en tient tout de même à ces dénonciations, à ces audits qu'on dit avoir été effectué par le cabinet Apm qui affirme que vous vous êtes énormément enrichi sur le dos de la Camair. Comment réagissez-vous à ce genre d'accusations?

Je voudrais premièrement rectifier quelque chose. J'ai quitté la Camair le 3 novembre 2003. La période qui me concerne avec le cabinet Apm va de fin avril 2002 à novembre 2003. Deuxièmement, compte tenu du secret de l'instruction, je ne peux que vous affirmer que le cabinet Apm n'était pas ce qu'il laissait croire. Là aussi, c'était un cabinet londonien, mais qui n'avait de Londres que le nom. Et une fois de plus, ce cabinet Apm avait outrepassé ses missions. Donc le cabinet Apm est très mal placé aujourd'hui pour critiquer quoi que ce soit parce qu'il y aurait beaucoup à redire sur ses propres actions. Je réfute de manière très énergique toutes ces accusations portées par ce cabinet qui, encore une fois, n'apporte aucune preuve de ses allégations.

Je reviens sur l'affaire qui intéresse la justice suisse. Pour parler des relations que vous auriez avec ce

monsieur Fouquet, vous reconnaissez vous-même que c'est un dangereux criminel...

Je vais vous interrompre tout de suite. Je ne reconnais pas en monsieur Fouquet un criminel. On dit que c'est un criminel. Mais, il n'y a jamais eu de décision de justice le condamnant en tant que tel. Mais, il a été accusé, me semble-t-il, d'avoir été en relation avec des gens peu recommandables. Allez en Suisse le voir dans les banques. Quand un monsieur Fouquet vous amène voir le vice-président du Crédit agricole, le directeur général de la Société générale à Genève et à Zurich, vous allez voir au Crédit Lyonnais ou l'Ubs. Toutes ces personnes lui ouvrent grandement les portes et il y en a même qu'il tutoie. Si aujourd'hui, on dit qu'il est criminel, moi j'attends de voir le résultat des décisions suisses. Si on prend ce que certains médias disent depuis un certain temps, je suis le plus dangereux criminel du Cameroun. Sinon, on ne parlerait pas de cette histoire de blanchiment. Je vous assure, j'ai laissé des plumes dans cette affaire de la Camair.

Vous êtes nommé à la tête de la Camair en juin 2002. Quelle Camair trouvez-vous à l'époque ? Dans quel contexte vous avez été nommé ? Et comment avez-vous piloté cette entreprise jusqu'à votre débarquement en novembre 2003 ?

Vous êtes journaliste. Vous dirigez l'un des principaux organes de presse au Cameroun. Et je pense qu'il faut vous référer à vos archives, ce qui a été dit dans votre journal qui est un journal sérieux. Faites ressortir ce qui a été dit quelques semaines avant ma nomination, vous saurez vous-même quelle était la situation. Elle était catastrophique. Je suis nommé le 20 juin. Et je trouve un avis de sommation de rétrocession des deux Boeing 737 dont la date limite est fixée au 21 juin. Le Boeing 747 était séquestré depuis plusieurs mois dans les ateliers techniques en France et on n'arrivait pas à payer pour le libérer. Il y avait un avion loué par mon prédécesseur qui volait. J'ai dû payer 3 millions de dollars pour les pénalités. Sans oublier que j'avais déjà payé trois mois d'arriérés de salaires, et les découverts bancaires, etc. Voilà la situation que je trouve. Prenons même le cas de l'image de la compagnie. Quand j'arrive, la Banque mondiale, le Fonds monétaire international (Fmi), les Nations Unies m'appellent pour me demander de relever la Camair. Maintenant, sur le plan intérieur, c'était un vol par semaine, quand on réussissait à le faire. Et surtout, il n'y avait pas de comptabilité depuis près de cinq ans. Or, comment voulez-vous qu'on dirige la compagnie si vous n'avez pas de tableau de bord de l'entreprise. C'est exactement comme un pilote qui décolle et se rend compte qu'il n'a pas de boussole. Il n'y avait pas de comptabilité. Cela veut dire que lorsque j'arrive à la Camair, on ne savait pas ce qui avait déjà été payé ou pas. L'endettement s'élève à plus de 72 milliards Fcfa. Je trouve donc une Camair sinistrée. Et je me mets au travail. Mais, je pense qu'il faut remettre les choses dans le contexte de ma nomination. Je suis nommé à la tête de la Camair par le président de la République pour aider à redresser la Compagnie. Je ne suis pas fonctionnaire. C'est d'ailleurs la première fois, dans toute l'histoire du Cameroun, qu'un pur produit du secteur privé est nommé à la tête d'une société paraétatique et, qui plus, est une société stratégique. En plus, on ne me demande pas de me démettre de mes autres fonctions. Cela veut dire que durant mon séjour à la Camair, je suis vice-président de la Cbc, je suis vice président de la Commercial Bank Centrafrique, etc. J'ai beaucoup d'autres postes de responsabilité. Mais, l'Etat accepte cela. Je pense, à mon humble avis, que les gens ont compté sur cette force « financière » qui m'accompagnait pour pouvoir redresser la Camair. Il faut encore une fois mettre les choses dans leur contexte. Ce n'est pas que l'Etat n'avait pas d'argent. Dans le programme d'ajustement structurel, la Banque mondiale interdit une quelconque subvention aux sociétés qui étaient sur la liste des entreprises à privatiser. Donc, il est évident que l'Etat me demande de faire tout ce qui est en mon pouvoir pour redresser la barre. Mais, contrairement à certains directeurs généraux qui sont nommés sans savoir comment cela a été décidé, je suis allé voir le président de la République. Et quand le Président de la république me parle, il me dit ce qu'il ambitionne. Il me dit comment est-ce qu'il voit le futur de la Camair. Et quand ce monsieur vous parle, vous buvez ses paroles et vous êtes convaincu, vous êtes prêt à vous battre pour accomplir les missions qu'il vous confie. J'ai été subjugué par la volonté manifeste du chef de l'Etat de tout faire pour sauver la Camair.

Avec cette garantie de la plus haute autorité de l'Etat et avec tous les moyens que vous déployez dans votre mission, comment pouvez-vous expliquer ce que l'on peut qualifier aujourd'hui d'échec à la Camair ? Comment expliquez que vous n'ayez pas pu apporter satisfaction au Chef de l'Etat au point que l'on vous débarque ?

Dans le contexte camerounais, il se passe une chose : ce n'est pas parce que moi, j'adhère aux ambitions du Chef de l'Etat que cela implique que toutes ses troupes lui sont fidèles. Je pense que le Chef de l'Etat a donné des directives. Et je crois que les mêmes orientations qui m'avaient été données l'ont été à ses plus proches collaborateurs. Mais apparemment, certains n'ont pas été aussi fidèles qu'ils auraient dû l'être. Ils ont dû profiter de leurs positions pour assouvir d'autres ambitions. Voilà ce qui, d'après moi, peut justifier certains dysfonctionnements. Parce qu'il aurait dû y avoir une certaine unité pour atteindre les objectifs qui avaient été fixés par le Chef de l'Etat.

Autrement dit, vous croyez qu'il y aurait des groupuscules ou des individus qui se sont constitués pour vous mettre les bâtons dans les roues ? Si oui, dans quel intérêt ?

Je ne le crois pas, je l'affirme. Et comme à l'accoutumée, contrairement à certains experts londoniens qui affirment des choses sans jamais en apporter la preuve, j'ai bien les preuves de ce que certains groupes, de très hauts commis de l'Etat, proches du président de la République, se sont constitués pour me mettre les bâtons dans les roues. Dans quel but, je ne le sais pas. Cela fait quatre mois que je fournis des éléments à la justice camerounaise et ils sont probants. Contrairement à cette personne très adulée par certains journalistes, Francis Nana.

Vous nous citez quelques noms de personnes qui auraient empêchées la Camair de voler ? Globalement, je ne me permettrais pas, en cette phase de l'instruction de la justice, de citer des noms de particuliers. Je vous ai parlé des cabinets Sygma et autres. Il n'y a qu'à voir qui se trouvait derrière cette société.

Il vous est reproché entre autres, dans votre gestion de la Camair, d'avoir abusivement sorti de la flotte le fameux Boeing 747 Combi, que les Camerounais adulaient tant ? Vous l'auriez bradé. De quoi s'agit-il en fait ? Pourquoi avez-vous pensé qu'il était important de sortir le Combi de la flotte de la Camair ?

Là encore, je pense que c'est un manque d'information qui amène les gens à pencher vers ce genre d'analyse. En fait, il y a un accident. Ce n'est pas une sortie de piste comme on le croit. L'avion s'est déporté de la piste pour aller se « fracasser » contre une buse d'évacuation d'eau en béton armé. L'avion est donc cassé, il est très endommagé. L'assureur dit qu'il faut qu'on sache le montant de la réparation. Et pour réparer un avion comme celui là, vous avez besoin de trois avis : celui du motoriste ; et celui de Rach&Ring qui sont les principaux fournisseurs de tout ce qui est matériel électronique. Les techniciens de Boeing estiment, après leur expertise, qu'il faut à peu près 48 millions de dollars (environ 30 milliards Fcfa) pour la réparation et compter un minimum de 24 mois d'immobilisation. Tout cela, sous réserve de ce que diront les parties concernées par le moteur et les parties électroniques. Plus tard, pour le moteur on a estimé à 11 millions de dollars pour le réparer et près de 24 millions de dollars pour la partie électronique. Donc, il fallait à peu près 70 millions de dollars pour réparer cet avion. Mais il n'est assuré que pour 45 millions de dollars. L'assureur doit payer et il faut en plus qu'il remplace l'avion par un autre pendant la durée de l'immobilisation. Et pour ce type d'avion, il faut aller chercher dans les 6 millions de dollars au minimum par an. Vous devez ajouter à tout cela tous les frais de levage, de parcage, et de parking. Ce qui revenait à environ 6 millions de dollars. Voilà donc la situation! Certains disent qu'il fallait le réparer. L'assureur dit : si je dois payer les frais de levage et autres, nous faisons la différence et je vous donne le reste. Et ce sera à vous de trouver les sommes nécessaires pour réparer cet avion. Je rappelle que le Cameroun est sous ajustement structurel, quand bien même l'Etat aurait voulu le réparer. Et ensuite il y a une question de bon sens : cet avion vaut au plus 18 millions de dollars sur le marché. Vous n'allez pas dépenser 70 millions de dollars pour un appareil qui n'en vaut que 18. C'est comme si vous avez votre voiture qui vaut 2 millions de Fcfa, elle est assurée pour 2 millions et après un accident de la route, on vous dit de débourser 8 millions Fcfa pour le réparer. C'est cela qu'il fallait expliquer au Camerounais. Et dire encore aux gens que la décision n'incombait pas au Directeur général.

Et cet avion qui vous appartiendrait et qui volerait en Colombie, est-ce que ce n'est pas le Combi qui a été racheté par Fotso ?

Vous m'informez ou vous me posez une question ?

Est-il vrai monsieur Fotso que vous êtes propriétaire d'un avion qui, actuellement servirait de liaison dans les lignes aériennes colombiennes. Je peux vous fournir le certificat de radiation du Combi par Boeing, cela veut dire qu'il n'existe plus. Je peux également vous donner les photos de destruction de cet avion. Et quand bien même il existerait, il ne m'appartiendrait pas et vous pourriez mettre tous les services secrets du monde derrière moi que vous n'aboutiriez à rien. Maintenant, sur un avion qui volerait quelque part et qui m'appartiendrait, là encore je mets au défi tous les services secrets y compris le Fbi.

Et vous lancez un défi pour investiguer tous les comptes que vous avez à l'étranger pour savoir si vous n'avez pas détourné de l'argent de la Camair ?

Je vais aller plus loin. Je ne lance pas seulement le défi pour rechercher, mais je suis disposé à délivrer une procuration en bonne et due forme pour autoriser soit l'Etat du Cameroun ou une ambassade dans les pays occidentaux qui estime que j'aurais peut-être de l'argent planqué chez eux qui proviendrait des activités illicites. Je suis prêt à délivrer une telle procuration. Il faut quand même repréciser qu'avant d'être nommé, je n'avais jamais occupé un poste dans la fonction publique. Que ce soit avant 2000, que ce soit après, je n'ai jamais eu de transaction avec l'Etat camerounais. En plus, je n'ai jamais soumissionné ou gagné un marché public. Toutes les accusations dont je fais l'objet se jouent sur mon passage à la Camair. Je permets de contourner la difficulté du secret bancaire en proposant cette procuration. De telle sorte que si la banque ne communique pas mes relevés bancaires alors que j'ai donné mandat, elle est passible de poursuites. Je vais plus loin, si on m'accorde un minimum de bonne foi car, jusqu'en fin juin 2006, j'étais le premier contribuable camerounais, je fournirai la liste de tous mes comptes pour qu'on aille fouiller dedans. Mais, je précise bien qu'on recherche de l'argent public camerounais qui serait détourné soit directement du Trésor, soit de la Camair, soit de toute société qui aurait eu une quelconque transaction avec la Camair. Je suis prêt à délivrer ce mandat et j'espère qu'en ce moment là, la vérité finira par rejaillir. Et j'espère aussi que tous ceux qui m'accusent feront la même chose.

A vous entendre parler, on a l'impression, monsieur Fotso que votre gestion à la Camair a été des plus

saines et des plus transparentes. Nous sommes tentés de vous poser la question de savoir quel bilan vous faites de votre passage?

Je vous donne quelques grandes lignes. Je vous le redis, quand j'arrive, il n'y avait pas de comptabilité, donc pas de tableau de bord, donc pas d'outils de travail. Je fais certifier les comptes des années 95/96, 96/97, 97/98, 98/99 et 99/2000. Et j'établis les miens, ceux de 2000/2001 et 2001/2002. Et la comptabilité disparaît à peine que je suis parti. Je ne vais pas revenir sur les négociations des loyers à la baisse que j'ai eu à faire. J'ai fait économiser plus de 400 millions Fcfa mensuels à la société sur des contrats que j'ai trouvés. Quand j'arrive, la Camair a un Boeing 737-200 qu'elle loue auprès de Ansett à 484 000 dollars que j'ai revus à la baisse à 295 000 dollars. Cela fait une réduction d'environ 200 000 dollars, soit environ 150 millions Fcfa à l'époque. Or, ce n'est pas moi qui ai signé le contrat. Le Boeing 737-300 qui a été retiré de la flotte, faisait l'objet d'une demande d'indemnités de 10 millions de dollars, soit environ 7,5 milliards Fcfa à l'époque. Je négocie et je réussis à obtenir que cette pénalité soit ramenée à 3 millions de dollars, c'est-à-dire au tiers. Alors que mon prédécesseur avait déjà commencé à payer. Cela fait donc 6 milliards et quelques millions de francs Cfa que je fais économiser à l'entreprise. Mais je pouvais négocier cela et mettre en poche puisque c'était déjà accepté par tout le monde. Les Boeing de Ansett, qui sont venus à 325 000 de dollars chaque année, je réussis à réduire de 60 000 dollars chacun de ces avions. Celait fait quand même 45 millions Fcfa mensuels de gagner, et pour les deux, 90 millions Fcfa. Là encore, j'aurais pu demander qu'on me les reverse personnellement. Mais, ce n'était pas mon but. Je voulais réussir et je me battais pour cela. Nous pouvons poursuivre avec le Boeing 767-300, « Le Dja ». Quand j'arrive, le contrat est déjà signé par mon prédécesseur à un taux de 795 000 dollars mensuels et un acompte a déjà été versé. Lorsqu'il y a l'accident du 747, je réactive cela mais je renégocie et je le ramène à un taux de 690 000 dollars, soit une économie de 100 000 dollars le mois. Là encore, si je voulais le voler, il suffisait qu'on me reverse cette somme là.Une fois que je remets la comptabilité en place, et il m'a fallu faire appel à sept experts-comptables de mon Groupe pour appuyer ceux qui étaient en place, nous découvrons qu'il y a des dettes fictives.Qu'en est-il de mon bilan ? Mon bilan est que j'ai réduit la dette de la Camair. Quand j'arrive, cette dette est à peu près de 72 milliards FCfa et je laisse la compagnie avec une dette d'environ 49 milliards Fcfa. Nous avons d'abord travaillé, parce que la Camair n'a jamais autant travaillé que quand j'y étais. Nous sommes passés d'un chiffre d'affaires de 56 milliards Fcfa quand j'arrive en 2000 à 92 milliards Fcfa, soit 64% d'augmentation. Ce qui ne s'est jamais vu. C'était une première dans l'histoire de la Camair. Nous travaillons donc, et améliorons les recettes de la société, puis nous identifions les dettes fictives.

Qu'entendez-vous par dette fictive ?

Souvenez-vous du conflit avec Mobil Oil, par exemple. On s'est rendu compte qu'on nous facturait bien plus de carburant que tout ce que nos avions auraient pu prendre pour effectuer leurs vols. Comme il n'y avait donc pas de comptabilité puisque cela arrangeait tout le monde, il suffisait donc, pour certaines personnes, d'apporter des factures que l'entreprise payait parce que la comptabilité ne pouvait pas vérifier, puisqu'elle-même n'existait pas. Et les gens touchaient des commissions. Vous me demandez pourquoi on m'en veut tant. J'ai dû fermer beaucoup de robinets. Les billets gratuits, c'était dans tous les sens. J'ai moi-même supervisé des vols à l'aéroport pour montrer à mes collaborateurs qu'il était possible de faire décoller et atterrir nos avions à l'heure. Les statistiques ont montré qu'en 2002, l'année la plus faste de la Camair, au départ de Paris pour le Cameroun et au départ du Cameroun, la Camair est plus ponctuelle que la principale compagnie de transport aérien en France qui est Air France. Est-ce que ce n'est pas quelque chose de significatif. Le drapeau du Cameroun, dont nous sommes si fiers, a flotté, par sa compagnie et à travers sa « onzième province », partout dans le monde. Nous avons établi que justement ces avions querellés comme on dit, ont contribué pour beaucoup au succès dont je vous fais part. Nous avons donc regagné la confiance des principales institutions, et nous avions eu des contrats avec les Nations Unies pour transporter les troupes. Figurez-vous que l'avion du Cameroun se posait chaque mois, à quatre reprises, à Montevideo en Amérique du Sud. Il repartait avec 400 casques bleus, il atterrissait à Douala. Et les deux Boeing repartaient avec certains à Kananga et d'autres à Kinshasa en fonction de ce que les Nations Unies avaient décidé. Et le manège était effectué dans le sens inverse. Un autre exemple. Lorsque les Miss Monde sont coincées à Abuja au sein d'une émeute religieuse, qui appelle-t-on pour les évacuer ? La Camair. C'est le Boeing 747 qui est allé les prendre pour les ramener à Londres. Ce qui était impensable avant. Et c'est cet avion qui aurait présenté des doutes sur la qualité de la maintenance ? Je dis non.

Qu'en est-il de la question des salaires ?

Quand j'étais là, les salaires étaient payés. Et nous avons pris sur nous le parti de mener certaines taches dévolues aux Adc (Aéroports du Cameroun, Ndlr). Si je n'avais pas fait cela, je vous assure que la rotation des avions aurait été impossible au niveau de l'aéroport de Douala. C'est grâce à moi que cet aéroport a continué de fonctionner parce que j'ai essayé d'anticiper. Comme Adc ne voulait pas assurer son rôle, nous avons pris en charge ce rôle. Nous avons établi des ponts aériens entre le Nigeria, le Tchad, le Bénin, le Cameroun bien sûr et la Mecque. Ce qui n'avait jamais été fait avant. Nos pilotes peuvent vous dire qu'ils n'ont jamais autant travaillé. Nous avons transporté vers la Mecque plus de 40 000 pèlerins. L'avion faisait deux rotations par jour. Pendant ce temps, quand j'étais là, l'argent entrait. Ce sont autant de choses que j'ai faites qui se sont malheureusement dégradées dès que je suis parti. J'ai également découvert, entre autres, le trafic des billets d'avions. Quelqu'un achetait un billet pour partir du Cameroun jusqu'à Hong-Kong. Ce billet coûtait 650 000 Fcfa. Mais quand il se retrouvait en France, Air France prenait le coupon et le retournait au Clearing House pour la compensation. Mais en faisant les calculs, cette compagnie se disait que la Camair a pris 600 000 Fcfa, mais le billet coûte normalement 2,5 millions Fcfa. On redressait donc de 1,9 million Fcfa et vous constatez donc que nous subventionnons les billets d'avions de certaines personnes qui faisaient ce trafic. J'ai certainement empêché certaines personnes de vivre de manière lucrative.

Un bilan financier pour terminer sur ce chapitre?

Sur le plan financier, les trois années qui précedent mon arrivée à la tête de la Camair (99/98, 98/99, 99/2000) la perte cumulée est de 33 milliards de Fcfa. Cela fait plus de 60 pour cent du chiffre d'affaires de l'année 99/2000. Après avoir en 2001 les baromètres de l'entreprise, je rattrape les comptes grâce à la comptabilité mise en place et obtiens un résultat positif de près de 2 milliards de Fcfa de bénéfice pour un chiffre d'affaires de plus de 58 milliards de Fcfa. L'année suivante, mon équipe et moi réalisons un résultat historique avec un chiffre d'affaires record de plus de 90 milliards de Fcfa. J'ai donc été limogé lundi le 3 novembre [2003 Ndlr] non pas parce qu'on me reprochait une quelconque faute de gestion, mais en fait parce que j'ai refusé de laisser voler des avions sans assurances. L'Etat devait plus de 22 milliards à la Camair et voulait que je continue à me débrouiller à colmater les brèches. Ce qui n'était plus possible parce qu'après 12 milliards que la Cbc a bien voulu octroyer à la Camair, ce qui a entraîné de graves protestations de la Cobac, il n'était plus possible de continuer de cette manière là. Donc, il y avait une volonté du gouvernement de paralyser ma gestion. On m'a demandé (je pourrais vous dire qui) de faire voler des avions ce fameux week-end sans qu'ils ne soient assurés alors qu'on avait déjà reçu une note de résiliation des assureurs qui rappelaient que si vendredi à 18 heures, vous n'avez pas réglé les frais des assurances, vous n'êtes plus couverts. Malgré cela, certaines autorités me demandent de faire voler les avions. Je ne pouvais pas le faire. A cette époque la Camair était une vraie compagnie. Il y avait des avions qui partaient pour Abidjan, Paris, Johannesburg et bien évidemment, les passagers étaient bloqués. Quand c'est des compagnies étrangères, cela n'émeut personne. Quand il s'agit de la Camair, un ramdam est vite organisé. Rfi et les autres médias relaient cette situation. Le samedi, on me redemande de faire décoller les avions. Je m'y oppose. Le dimanche, la pression monte. Cela fait 48 heures que les passagers sont bloqués. Je m'y oppose toujours en m'appuyant sur le fait que tant que la question des assurances n'est pas réglée, je ne peux pas prendre ce risque. D'abord pour l'intérêt des passagers eux-mêmes et ensuite il y avait des choses qui ne tournaient pas rond. Lundi, l'Etat n'a pas pu toujours débloquer les fonds qu'il devait, même pas le nécessaire pour payer les assurances. Des hautes personnalités qui constituaient un bloc occulte contre ma personne, ont pu obtenir ma tête par décret du chef de l'Etat et c'est comme cela que mon successeur arrive. Je ne suis pas limogé de la Camair parce qu'elle était mal gérée mais tout simplement parce que j'ai refusé de faire voler les avions dans certaines circonstances inacceptables pour moi en tant que gestionnaire. La Camair que je laisse est assainie sur le plan social. Il n'y avait aucun litige avec le personnel. Sur le plan de la bonne gouvernance de l'entreprise, j'ai les paramètres qui montrent que sur le plan comptable par exemple, il y avait de la clarté dans le contrôle des opérations, preuve que je ne cherchais pas à dissimuler quoi que ce soit. Dès mon départ, il n'y a plus eu de comptabilité. Sans oublier le fait qu'avant moi, il n'y avait pas cette comptabilité. J'ai les rapports du commissaire au compte, les résolutions du conseil et les certifications des comptes. Je peux les fournir. Demander à mon successeur d'apporter les siens. Ne serait-ce que pour cela, je pense mériter des félicitations au lieu qu'on me livre en pâture comme l'a fait une certaine presse, peut-être sous contrôle, dès mon départ et bien au-delà. Voilà la situation que j'ai laissée et je pense avoir fait une gestion bien meilleure que celle que j'ai trouvée.

Au regard de tout ce que vous venez de décrire, avez-vous le sentiment d'avoir été piégé ce 20 juin 2000 lorsque le chef de l'Etat vous nommait à la tête de la Camair ou vous continuez à penser que c'était une confiance acquise du chef de l'Etat ? Quel est le sentiment qui vous habite aujourd'hui face à toute cette cabale?

A partir du moment où je ne regrette pas mon passage à la Camair, à partir du moment où je reconnais et remercie le Chef de l'Etat pour l'opportunité qu'il m'a offerte de mieux connaître mon pays, de mieux connaître les hommes qui le composent et d'acquérir cette expérience dans le domaine de la gestion civile en particulier et de la gestion globale en générale, je ne saurais penser que j'ai été piégé. Par contre, au vu de l'acharnement de certaines personnes, qui sont commanditées par des hauts commis de l'Etat ou par ce fameux Francis Nana qui, lui aussi, est rentré dans des manœuvres de déstabilisation et, apparemment, ne cherche pas une quelconque manifestation de la vérité, mais plutôt, aurait été mandaté par je ne sais encore qui pour l'instant, pour essayer de déstabiliser tout le Groupe. Je ne pense pas qu'il faudrait faire un amalgame. Il est fort probable que certaines hautes personnalités ont usé de leur fonction pour faire échec à ma mission. Ce n'est pas parce que quelques individus se comportent de cette manière au sein de l'appareil de l'Etat qu'il faut jeter l'anathème sur l'ensemble. Je ne regrette pas. Je ne pense pas qu'au moment de ma nomination, il y ait un piège. J'estime que certaines personnes ont utilisé ce seul passage d'Yves Michel Fotso dans une structure de l'Etat pour en faire désormais une obsession consistant à me tuer.

L'acquisition d'un avion présidentiel entre 2001 et 2003 semble être l'un des points sur lesquels vous êtes régulièrement entendu par la police, sur instruction de la justice camerounaise. On vous reproche de vous être organisé avec des sociétés intermédiaires pour détourner d'énormes sommes d'argent. Comment vous retrouvez-vous dans cette affaire ?

Ce projet existait avant mon arrivée à la Camair. Mon prédécesseur avait commencé à étudier les possibilités. Un Boeing avait été déjà retenu. J'ai poursuivi sur cette lancée. Mais il fallait trouver des mécanismes pour faire financer l'achat de cet avion. C'est ainsi que Gia International a eu à apparaître. Je tiens à préciser que je ne connaissais pas cette société avant la transaction. C'est quelqu'un qui l'a reconnu et qui a été entendu. Il a donc présenté Gia à la Camair. Nous nous sommes rencontrés, Gia avec un expert français, d'Air France détaché auprès de la Camair, Michel Villoingt. C'est sur la base de l'avis de cet expert, qui confirme que le montage de Gia était viable, que j'informe la présidence de la République de ce qu'il y aurait une solution fiable sur cette commande. Gia a été crée en 1996, à une époque où je n'avais jamais rêvé un jour approcher la Camair de quelque manière que ce soit, sinon en tant que passager. Il ne peut pas y avoir eu conspiration de ma part. Les autorités camerounaises décident de mettre en place un déposit, (dans le jargon, quand on veut un aéronef, il faut déposer un acompte pour qu'on fabrique l'avion) de 31 millions de dollars (environ 21 milliards Fcfa à l'époque) qui représentaient à peu près 40% de la valeur de l'appareil et le reste était un montage financier avec hypothèque de l'appareil qui devait être livré. Cet appareil était un avion flambant-neuf, un Boeing Business Jet, BBJ II. La procédure a été respectée, l'avion fabriqué par Boeing et réceptionné par l'équipe technique de la Camair et de l'état major particulier du président de la République. Les clefs sont encore en leur possession jusqu'aujourd'hui. Tout avait été fait et il ne restait plus qu'à la présidence de la République et au ministère des Finances de signer l'acceptation des traites. Coup de théâtre, la Présidence (je préfère parler de la présidence de la République pour ne pas citer des noms) décide de plus réceptionner l'avion. Pourtant dans les clauses, il était clairement indiqué que c'était un déposit remboursable. En anglais c'est bien écrit « refoundable ». Bien évidemment, si la société Gia n'arrivait pas à performer. Permettez-moi une illustration pour une meilleure compréhension de l'affaire. Vous commandez un véhicule que vous voulez à votre dimension, vous mesurez deux mètres. Vous voulez une Renault Clio, il faut des aménagements pour que vous puissiez y entrer. Vous versez un acompte. Si le véhicule vaut 10 millions, vous versez 3 millions pour la fabrication de l'engin. Au moment où l'appareil est prêt avec vos désidératas et qu'on est prêt à vous le livrer, vous vous rétractez et dites que vous voulez maintenant une Mercédès. Le fabricant est en droit de vous demander de payer les compléments parce qu'il a dépensé plus d'argent que prévu. Voilà ce qui se passe dans ce cas là. C'est le Cameroun qui dit, je ne veux plus de cet avion, sans se soucier de la pénalité encourue. Je n'avais aucun contrôle sur l'utilisation de ces 31 millions de dollars. Je ne suis pas partie prenante dans Gia et je n'ai perçu aucune commission de cette structure. Je mets au défi quiconque, que ce soit le Fbi, que ce soit l'ambassade des Etats-Unis, je dis solennellement que je n'ai pas touché un dollar de cet argent. Si quiconque veut affirmer le contraire, quand bien même ce serait l'ambassade des Usa, quand bien même ce serait le Fbi, je porterai plainte contre cette personne dans le pays en question pour qu'on me le prouve. Je ne sais pas quelles autres preuves vous voulez, sinon encore réitérer ma proposition, celle de délivrer cette fameuse procuration légalisée par l'ambassade des Usa elle-même pour que quelqu'un aille fouiller et voir si un seul de ces 31 millions de dollars, (permettez-moi de dire que ces sommes n'ont pas été transportées en cash, mais par virement) réside dans mes comptes. La traçabilité est perceptible. J'autorise qu'on fouille mes comptes. Je ne sais plus quoi dire de plus pour arrêter les affabulations mensongères de ce fameux faux expert visant une déstabilisation du Groupe pour des raisons que je cherche encore à comprendre.

Dans l'ensemble du processus, votre rôle a donc été celui de facilitateur…

De par mes fonctions, oui. En fait, on a utilisé la Camair comme facilitateur.

Vous avez évoqué tantôt la présidence de la République qui, à un moment donné, a renoncé au projet. Avez-vous une idée de ce qui a bien pu l'amener à se rétracter alors que de l'argent, 31 millions de dollars du contribuable Camerounais, étaient en jeu ?

31 millions de dollars, environ 21 milliards de Fcfa à l'époque et aujourd'hui représentent à peine 14 milliards de Fcfa. Je pense que les responsables de la présidence de la République ne voulaient pas voir aboutir ce projet croyant que j'ai agi comme ils l'auraient fait à ma place, c'est-à-dire que j'aurais sûrement pris des commissions. A partir de ce moment, ils ont tout fait pour torpiller le projet. Je pense que l'idée était qu'il n'était pas possible que Fotso ait pu commander ce montage de 31 millions de dollars sans pour autant « s'essuyer la bouche » comme on dit. Je crois qu'il ne leur est pas venu à l'esprit qu'il pouvait y avoir des Camerounais qui peuvent le faire simplement parce qu'ils ont été subjugués par les convictions du chef de l'Etat qui voudrait que les choses aillent de l'avant. Apparemment, ces personnes étaient convaincues de ce que j'ai fait ce qu'elles auraient fait à ma place. Il fallait mettre un arrêt pour pouvoir déclencher une autre procédure afin de voir clair dans l'utilisation de ces 31 millions de dollars. Il pourrait

Yves Michel au sortie d'une des multiples rencontres avec les juges à Douala

avoir une autre hypothèse. Peut être que pour des raisons inavouées, il fallait recommencer un nouveau processus. En tout cas, pour cette autre étape, je n'étais plus là.

Vous voulez parler de " l'Albatros " qui a été acquis en droite ligne de cette intention présidentielle. Pensez-vous que cette acquisition explique les raisons pour lesquelles le projet BBJ2 avait été arrêté ? Avez-vous joué un rôle dans cette affaire d'Albatros ? Si oui lequel ?

De manière catégorique je dirais non, je n'y ai joué aucun rôle. Je n'ai ni été consulté, ni appeler à apporter quelque expertise ou un quelconque avis sur ce processus d'acquisition de l'Albatros. D'ailleurs, quand il est finalisé, je ne suis plus à la Camair depuis huit mois ; l'empêcheur de tourner en rond a débarrassé le plancher et l'on peut désormais utiliser la Camair à des fins égoïstes ! Il n'y a plus de comptabilité et c'est le retour du pilotage à vue!

Dans votre déposition à la police judiciaire le 30 avril 2008, vous avez épinglé certaines personnalités de la République comme étant les torpilleurs de ce projet. Vous avez cité notamment Jean Marie Atangana Mebara, Mebe Ngo'o Edgard Alain, l'actuel Premier ministre, Inoni Ephraïm. Quel rôle chacune de ces personnalités a-t-elle joué ?

J'étais seul face aux enquêteurs ce jour-là. Je m'y suis rendu chaque fois seul, sans un conseil et voilà que vous prétendez relater ce que j'aurais dit ! J'ai même appris que le procès verbal de mon audition se serait retrouvé dans la rue ! En tout état de cause, croyez bien que je ne trahirai guère ici le secret de l'instruction !

Il se trouve tout de même que le Premier ministre, chef du gouvernement a été Pca d'Apm Cameroun du temps où il a été secrétaire général adjoint de la présidence de la République. N'est-ce pas une piste qu'on pourrait explorer ?

C'est vous qui le dites. J'ai lu, peut-être comme vous, les statuts de la société Apm et crois y avoir identifié en qualité de Pca un certain Monsieur Inoni Ephraïm. Etait-ce l'actuel Premier Ministre ou un homonyme ? Je ne saurais le dire, n'ayant pas assisté à l'Assemblée constitutive de cette société ! Pour le reste, c'est-à-dire pour tout ce qui en découle, je n'en sais strictement rien !

Ceci pourrait expliquer cela...

Je ne le sais pas.

En dehors de l'Albatros, plusieurs autres affaires vous suivent. C'est le cas de l'affaire Ntongo Onguené autour de laquelle flotte une histoire de 200 millions de Fcfa. Vous avez également été entendu à ce sujet. Qu'avez-vous dit à la police et de quoi s'agit-il en réalité ?

J'ai été surpris que cette affaire rebondisse ainsi et seulement maintenant. Il s'agit des redevances aéronautiques qui avaient été payées par la Camair sur un compte qui avait été désigné par le Directeur général de l'autorité aéronautique, pour un montant de l'ordre de 650 millions de Fcfa. Ce n'est pas moi qui ai signé les ordres de virements, ni ordonné la dépense, car il s'agissait d'une obligation contractuelle. Sachez que je suis un gestionnaire par formation et par profession ; je sais ce que signifie la décentralisation de la gestion, y compris financière... J'ai passé 3 ans et demi à la Camair et pense avoir signé 7 ou 8 ordres de virements seulement ! Chaque service faisait son travail parce que les procédures étaient en place et je veillais à leur respect. On ne remontait à l'Administrateur directeur général que j'étais que parce qu'il y avait un problème. Lorsqu'il y avait des engagements contractuels, ils étaient payés par les responsables concernés. Et donc, M. Ntongo Onguené a désigné un compte à Paris qui était au nom de la Ccaa Cameroun, ce qui était normal. J'ai donc appris récemment que j'aurais organisé un détournement avec M. Ntongo Onguené parce que je voulais empocher ces 200 millions de Fcfa dont vous faites état. Je m'en suis expliqué devant les enquêteurs et vous comprendrez que je ne puisse en dire plus, l'enquête se poursuivant. Mais croyez-moi, il s'agit d'accusations vraiment fallacieuses pour qui me connaît, et au regard des possibilités et des moyens financiers qui étaient déjà les miens à l'époque.

Personnellement, avec ces affaires qui vous suivent, est-ce que vous n'avez pas le sentiment d'être traqué par la Justice camerounaise ?

C'est vrai que je m'en serais volontiers passé si j'en avais eu le choix ! A partir du moment où la rumeur colporte beaucoup d'infractions supposées dont j'aurais été l'auteur et que la police ou la justice s'en saisissent, je pense qu'il est souhaitable, notamment dans le contexte qui est le nôtre, que tout soit réglé et clarifié une bonne fois pour toutes. C'est en ce sens que je crois en la justice et en l'opération épervier ! Quand bien même cela me prendrait pas mal de temps, j'estime que la justice fait son travail et j'ai foi en la Justice de mon pays. Je préfère que l'on passe tout en revue. Je voudrais souligner tout de même qu'il est fort surprenant que je devienne comme par enchantement un criminel international alors qu'avant mon passage à la Camair, nul n'avait fait cas de quelque crime que ce soit ! Je ne suis tout de même pas né le 20 juin 2000. J'étais déjà à la tête d'un empire industriel et financier à la dimension africaine avant d'arriver à la Camair. Pourquoi est-ce qu'on ne m'a jamais vu signer un chèque sans provision ou rouler qui que se soit ? M. Njawe, vous êtes un opérateur économique, est-ce que vous croyez que quelqu'un peut brasser tant d'affaires avant et après mon passage à la Camair, sans être accusé d'escroquerie et autres crimes, et perpétrer en seulement 3 ans à la Camair tous les mille et un coups dont on m'accable ? Suis-je un dangereux schizophrène qui s'ignore ? Ma foi, la manière dont j'ai été éduqué et les valeurs qui sont les miennes ne me permettent pas de poser les actes criminels que l'on prétend !

Monsieur Fotso, pensez-vous que des personnes tapies dans l'ombre vous en voudraient particulièrement ? Qu'est-ce que cela vous suggère, que quelqu'un se lève un matin et aille faire une dénonciation contre vous ? On l'a vu avec Nana devant la justice suisse ; aujourd'hui, avec l'affaire CRJ Bombardier, c'est un anonyme qui vous dénonce...

Au départ, j'ai eu la naïveté de croire en la bonne foi de la première personne citée. Je croyais qu'il était convaincu de ses actes, bien qu'il fût dans l'erreur et le faux. Mais j'ai dû bien vite me raviser...Quand j'ai pu découvrir que ce fameux Nana, prétendument expert-comptable ou commissaire aux comptes français ? ce qui est bien évidemment faux ! - a pu se déplacer de son propre chef de Londres à Genève pour passer 12 heures à m'accuser des crimes les plus graves...Et maintenant des lettres anonymes, sans compter de nombreuses autres bizarreries ou manifestations excessives de zèle, à l'image de ce rodéo tourné en plein Bonanjo avec des éléments de police armés jusqu'aux dents, encerclant le siège de la Cbc en plein conseil d'administration et en présence de nos partenaires étrangers, juste pour remettre une convocation à témoigner à la police judiciaire qui n'urgeait pas du reste ! Je suis désormais convaincu qu'il y a une ou des mains cachées qui manipulent un peu tout ce qui se passe en ce moment, avec une volonté de m'anéantir et, au-delà de ma personne, de détruire le groupe Fotso. La question, cette fois ci, c'est moi qui vous la pose, vous qui êtes si bien informés. A qui le groupe Fotso et Yves Michel pourraient-ils faire autant peur ? J'aimerais bien avoir votre avis...

Moi je poserais la question autrement. Qui est ce que Yves Michel Fotso et son groupe gênent-ils ? Je pense que c'est de ce côté qu'il faut envisager une piste de réponse.

Je vous avoue qu'il y a quatre mois, je me disais qu'on recherchait simplement la vérité. Depuis quelque temps, je commence réellement à me creuser les méninges pour essayer de voir à qui est-ce que je pourrais tant faire peur, qui est-ce que le groupe Fotso effraie au point qu'on soit obligé de sortir des lettres anonymes et des affaires qui n'en sont pas ; tout au moins en ce qui me concerne ! Un franco-camerounais est allé passer 12 heures auprès de la justice suisse pour dire que je suis un criminel économique, que j'ai pillé la Camair...sans en apporter la moindre preuve. Pourquoi n'a-t-il pas fait valoir les arguments de preuve qu'il prétend avoir devant la justice camerounaise à même de mieux cerner les faits et la vérité? Il n'y a qu'en Suisse qu'il a pu trouver une oreille crédule, la justice camerounaise l'ayant condamné tandis que les Français, les Américains, les Singapouriens, etc. classaient sans suite ses arguties. Vous connaissez le proverbe : " a beau mentir qui vient de loin "... !

On vous dit sous la protection de votre père qui, croit-on savoir, serait intervenu auprès du chef de l'Etat, se disant prêt à rembourser toutes les sommes que vous auriez détournées, et même à acheter un avion neuf au président de la République pour que vous n'alliez pas en prison ?

Balivernes ! Je suis bien devant vous dans mes bureaux à Douala. J'ai foi en la Justice de notre pays. On ne va pas en prison, juste parce qu'il y a quelques personnes tapies dans l'ombre qui le veulent ou parce que la rumeur vous y amène. Je crois que la Justice est une institution sereine qui agit sur la base d'éléments probants. Je me méfie particulièrement de la justice populaire ou de la justice de la rumeur !!! Parlant de cette soi-disant culpabilité et de cette rumeur de remboursement ? par ce que s'en est une de plus! ? pour que mon père veuille rembourser quoi que ce soit, il faudrait que j'aie quand même pris. Sinon, on ne parlerait pas de rembourser? Etant entendu que je n'ai rien pris, comment peut-il aller proposer de rembourser quoi que ce soit et proposer d'acheter un avion neuf par ce que j'aurais détourné l'autre ? Je vous ai expliqué ce qui s'est passé. C'est l'Etat qui a refusé de prendre possession de son avion pour des raisons que j'ignore. Au sujet des 31 millions de dollars, je vous ai dit que je suis prêt à donner toutes les procurations pour qu'on fasse des recherches dans tous mes comptes à travers le monde, y compris en mettant à contribution le Fbi ou toute autre institution spécialisée, afin qu'on vérifie tout cela. Je n'ai rien pris. Je ne vois pas comment mon père peut aller proposer de rembourser. C'est vous qui me l'apprenez d'ailleurs. Je puis vous assurer que mon père s'est bien gardé de se mêler de cette affaire depuis qu'elle a commencé. Donc je ne vois pas à quel moment il aurait pu faire une telle proposition.

Vous êtes quand même son fils chéri, M. Yves Michel Fotso. Dites-nous quel est son sentiment face à tout cela ! Vous n'allez pas nous faire croire qu'il n'a tenté aucune démarche auprès du chef de l'Etat, même pas pour s'apitoyer sur votre sort ?

Il est certain qu'il est affecté. Quel père ne serait pas affecté de voir son fils jeté en pâture, livré à la vindicte populaire ? Ce d'autant qu'il sait qu'il n'y a aucun doute quant à la manière dont j'ai gagné et continue de gagner mon argent. Etre obligé, aujourd'hui, de subir le regard des gens qui se disent que c'est avec l'argent de la Camair que son fils, et peut être lui-même, se pavane ; n'importe quel père en serait ébranlé? De là à dire qu'il serait ébranlé au point d'aller saisir le chef de l'Etat?je peux même dire que l'idée l'a effleuré. Ce serait mentir que de dire le contraire. Non pas dans le sens de chercher à rembourser quoi que ce soit, mais de chercher à savoir si on n'aurait pas caché la vérité aux hauts responsables, et peut-être au chef de l'Etat, au vu des éléments que je lui avais fourni lorsque lui et moi en parlions. Mais nous nous sommes convaincus que dans tous les cas, au moment opportun, la Justice ferait son travail et il en serait informé ; et qu'il ne fallait embarrasser personne, et surtout pas le chef de l'Etat. Sinon cela serait interprété comme une volonté d'étouffer la justice. Non, mon père ne s'en est pas mêlé. Il a juste envoyé un courrier au chef de l'Etat en mi-juin, c'est-à-dire presque 3 mois après le début de la procédure. Mais il l'a fait pour une bonne raison. En effet, il voulait tout simplement informer le chef de l'Etat de ce qu'il avait été l'objet d'une tentative d'escroquerie au cours de laquelle on lui avait proposé de lui remettre mon passeport contre une forte somme d'argent. On lui avait apporté les photocopies de toutes les pages de mon passeport, faisant apparaître le cachet du 25 juin, date de mon dernier retour au Cameroun, précédant juste le retrait de mon passeport. Vous comprenez son embarras alors !

Qui sont, d'après vous ces personnes qui ont tenté cette opération d'escroquerie ?

Je ne peux pas vous le dire. Ce qui est certain, mon père a clairement révélé à qui de droit l'identité de la personne qui l'a contacté à cette fin. Nous avons espoir qu'une enquête permettra de clarifier ce fait.

Et vous, personnellement, et compte tenu des relations que vous auriez avec le chef de l'Etat, ou du moins de la confiance qu'il a exprimée envers vous en vous nommant à la tête de la Camair, n'avez-vous pas tenté de le rencontrer pour lui dire en face votre part de vérité dans tout ce dont vous êtes accusé ?

J'avais eu l'occasion de rencontrer le chef de l'Etat avant d'être nommé à la Camair. Pour avoir eu l'honneur d'échanger avec lui plus d'une fois alors que j'étais à la Camair, je crois avoir clairement perçu son attachement au respect des formes et des procédures comme disent les juristes, à la bonne gouvernance et à l'Etat de droit. Je suis convaincu qu'il n'est pas du genre à entraver le cours de la justice, ni à fouler aux pieds la liberté et l'indépendance de celle-ci. Tenter une telle initiative, à ma connaissance, ne lui plairait pas du tout.

A l'analyse de ce qui se passe, certains observateurs disent que vous serez victime de vos amitiés ou de votre proximité avec certains membres du

gouvernement, notamment le ministre d'Etat Marafat, du fait des batailles politiques de l'heure. Quel commentaire vous suggèrent ces propos ?

Je vous dirais que je ne comprends pas bien votre question. Voulez-vous insinuer que le ministre d'Etat a des problèmes avec certaines personnes et qu'en m'abattant il tomberait aussi ? C'est trop simpliste comme analyse ! C'est me donner également une importance et une influence que je n'ai pas ! Je préfère penser que ce n'est pas le cas... Je n'ai pas de relations particulières avec le ministre d'Etat, ni le membre du gouvernement. J'ai la prétention d'être un ami de M. Hamidou Marafat Yaya, mais je n'ai aucun lien avec ses fonctions gouvernementales.

Vous n'êtes pas son protégé ?

Pour être protégé, il faudrait sans doute faire partie du sérail politique. Or, je ne suis qu'un opérateur économique. A ce titre, je n'ai jamais bénéficié d'un quelconque marché ou quoi que ce soit que m'aurait attribué qui que ce soit et encore moins mon ami Marafat Hamidou Yaya.

Honnêtement, à vous écouter, à vous entendre parler, on est tenté de vous appeler Monsieur Propre. Regardez-nous dans les yeux et dites-nous franchement, Monsieur Fotso : êtes-vous si propre que vous voulez le faire croire, êtes-vous blanc comme neige ? Ou, pour faire simple, n'avez-vous vraiment rien à vous reprocher ?

Je ne suis pas un homme parfait ! Je ne suis pas aussi blanc que vous le dites. Mais par rapport à ce dont on m'accuse, que ce soit les 31 millions de dollars du BB jet, que ce soit les détournements au détriment de la Camair, je suis plus blanc que blanc. Pour la période 2000-2003 et dans le cadre de la mission qui m'a été confiée par le Chef de l'Etat, je l'ai dit, je l'affirme, je le confirme et je répète, qu'on mette tous les services de renseignements du monde entier, et je leur facilite la tâche, je signe une procuration et mets à leur disposition la liste de mes comptes. Je suis serein.

Maintenant, si vous venez ausculter mes propres affaires, peut-être trouverez vous à redire, je n'en sais rien ! Comme tout homme d'affaires, j'essaie d'optimiser au mieux mes gains et mes performances. Nous autres hommes d'affaires cherchons des résultats.

Permettez-moi d'ouvrir une brèche, pour parler de M. Abah Abah et de ce fameux compte ouvert à son nom à la Cbc et qui recevait plutôt les fonds issus de la Tva. Que se passait-il en réalité ?

En ce qui concerne cette fameuse histoire de Tva, je pense qu'il s'agit là encore d'un manque d'informations relativement à ce qui s'est réellement passé, c'est-à-dire au regard des faits. Il se trouve que M. Abah Abah, comme plusieurs membres du gouvernement, dirigeants des sociétés d'Etat ou simples fonctionnaires, avait un compte personnel à la Cbc. Ce qui est tout à fait banal. Au Tchad, en Rca, à Sao Tomé et Principe, c'est tout à fait pareil. Donc jusque-là, il n'y a rien d'anormal. A l'époque, le ministre des Finances avait autorisé l'ouverture des comptes dans les banques commerciales pour y verser la collecte de la Tva. La Cbc n'était pas la seule à avoir bénéficié de cette mesure. La Standard Chartered, la Bicec et plusieurs autres banques de la place hébergeaient aussi des comptes du ministère des Finances. Il s'est avéré que lors d'une opération de remboursement de la Tva due aux entreprises, M. Abah Abah, alors Directeur des impôts, se serait trompé de chéquier. Sur la base d'une liste préétablie par ses services, il a émis des chèques plutôt sur la base de son chéquier personnel, manifestement par inadvertance. Les bénéficiaires de ces chèques les ont déposés dans diverses banques. Lorsque les chèques sont arrivés en compensation au niveau de la banque centrale, il y avait deux possibilités. La première, était de rejeter les chèques et là ce serait grave car on dirait que le directeur des impôts a émis des chèques sans provisions. L'autre solution était le remboursement de la Tva tirée sur la portion qui se trouvait dans un compte à la Cbc.

Les services ? il y a un directeur général des services compétent à ce sujet ? ont décidé de débiter le compte de Tva pour créditer le compte de M. Abah Abah pour payer au franc près les chèques émis qui venaient en compensation. Voilà ce qui s'est passé. Il n'y a pas eu des versements de Tva sur le compte d'Abah Abah, mais plutôt l'inverse.

Yves Michel Fotso se considère-t-il comme un homme riche, tel qu'il est présenté par l'opinion camerounaise ?

M. Njawé, j'ai entendu que vous allez très souvent aux Usa ; on pourrait penser sur cette base que vous êtes un homme riche. Qu'est-ce que la richesse ? Par rapport à qui est-on riche ? Je ne dirais pas que je suis riche. Mais si je dis que je suis pauvre, le bon Dieu pourrait me punir. Je suis un chrétien, le bon Dieu m'a donné cette chance ! Je crois qu'il vous l'a aussi donnée. Car il y a des gens qui disent : " Njawé est riche ". C'est donc dire qu'il faudrait relativiser la perception de la richesse, s'agissant surtout de celle d'un homme d'affaires ! Nous autres hommes d'affaires brassons beaucoup d'argent ; ce qui ne veut pas dire que nous sommes très riches pour autant ! Nous avons aussi beaucoup de dettes. Je vous dirais à titre d'exemple que je suis endetté pour plus de 12 milliards de Cfa auprès des banques camerounaises, hors Cbc. La différence entre le pauvre et le riche, c'est que les banques font confiance à ce dernier parce qu'on sait qu'il peut rembourser. C'est donc la confiance, le crédit dont il jouit qui caractérise le riche ! N'oubliez pas que je suis un homme d'affaires évoluant principalement hors du Cameroun, et non un fonctionnaire. Remarquez aussi que le Groupe Fotso déploie plus de la moitié de ses activités à l'international. C'est aussi dans ce sens qu'il faudrait comprendre les efforts permanents que je déploie afin que la crédibilité de l'homme d'affaires que je suis ne soit guère entamée. C'est mon capital le plus précieux et ceux qui tirent les ficelles dans l'ombre ne le savent que très bien !

C'est dire l'importance de ce groupe à la tête duquel vous trônez. C'est dire aussi si toutes ces affaires qui vous accablent depuis quelque temps causent des dégâts collatéraux sur les activités de celui-ci. Peut-on en mesurer les conséquences directes ou indirectes ?

En ce qui concerne l'impact de toutes ces affaires sur le groupe, je vous dirais qu'il y a eu un impact dès les premières révélations de ce fameux faux expert, Nana Francis. Avec son fameux rapport qu'il a envoyé un peu partout, on a perdu certains financements. On a même failli rater l'opportunité d'une association qui était capitale. Heureusement que la Sfi (Société financière internationale) et la Bei (banque européenne d'investissement) ont mené leurs propres investigations de 2006 à 2007 avec le concours du très sérieux cabinet spécialisé Kroll. J'ai été entendu par des sociétés spécialisées qui ont vérifié les accusations faites. C'est au bout de ce long processus que la Bei et la Sfi ont décidé d'entrer dans le capital de notre holding. D'où la signature officielle des accords matérialisant cette entrée le 11 décembre dernier à Yaoundé. Je pense que le plus gros risque était là. L'impact aujourd'hui est surtout relatif à l'image du Groupe. On attaque son président, mais ça ne déstabilise point, loin s'en faut ! Je puis vous assurer que depuis quatre mois que je ne travaille pas vraiment, le groupe fonctionne admirablement, y compris le groupe bancaire. C'est comme n'importe quel citoyen camerounais que j'apprenais à la radio il n'y a pas longtemps, que la Cbc avait signé un accord de prêt de 5 milliards de Fcfa avec la Bdeac. Je n'en étais même pas informé ! Donc je suis content de voir que le groupe a transcendé ces problèmes et est à même de survivre à ses promoteurs que sont mon père et moi-même. Aujourd'hui l'impact est négligeable parce que le Groupe Fotso est devenu une véritable institution !

Quel jugement portez-vous sur l'opération épervier en tant que citoyen et en tant que victime réelle ou potentielle ?

Je ne dirai pas que je suis victime de l'opération épervier. J'en suis un acteur puisque mon nom y revient à plusieurs reprises. En tant que tel donc, il est de mon devoir d'apporter le maximum d'informations et de ne ménager aucun effort en vue de la manifestation de la vérité. C'est bien cela et rien que cela qui permettrait de clarifier les faits et les affaires dans lesquelles mon nom est cité. Si tel venait à être le cas, j'aurais ainsi apporté ma bien modeste contribution à la lutte contre la corruption et les détournements des deniers publics qui sont de véritables fléaux qui gangrènent notre société, et dont j'ai été plusieurs fois victime en tant qu'opérateur économique. Il s'agit d'un combat décisif et héroïque du Chef de l'Etat que nous nous devons de soutenir de toutes nos forces en tant patriotes camerounais. Je ne suis pas un de ces criminels à col blanc qui se seraient enrichis sur le dos du peuple par des atteintes à la fortune publique, dont parlait justement le président Paul Biya, mais un opérateur économique qui bâtit sa fortune à force de dur labeur, comme mon père me l'a appris et il est important que tout le monde le sache! Vous comprenez que je compte beaucoup sur la crédibilité de cette opération épervier pour rétablir la vérité, celle des faits avérés, réels, et non celle de la manipulation de l'opinion publique à des fins inavouées ! C'est en cela que j'ai foi en la justice, en sa rigueur et en sa froideur ! Comprenez donc que je soutiens à fond l'opération épervier en tant qu'initiative salutaire d'éradication de la corruption et du détournement des deniers publics au Cameroun, causes principales de la pauvreté de très nombreux Camerounais. Pour cela, il importe que l'on veille à ce que cette opération soit menée sans passion, ni complaisance ou tentative de politisation ; qu'elle ne soit pas à " tête chercheuse ", mais s'intéresse aux fossoyeurs de la fortune publique et rien que! On peut faire confiance au chef de l'Etat pour qu'il en soit toujours ainsi?

Si sous le prétexte d'épervier on vient à vous arrêter, quelles actions comptez-vous engager ?

Pourquoi voulez-vous qu'on vienne m'arrêter alors que je suis innocent ? J'ai fourni aux instances compétentes ce que je crois être les preuves de mon innocence et suis confiant et serein. .. Monsieur Njawé, j'ai foi en la Justice de mon pays, j'ai confiance en l'avenir de ce pays. C'est d'ailleurs pour cela que je continue à investir et à développer les activités du Groupe Fotso ici comme ailleurs. C'est aussi pour cela que contrairement à d'autres personnes, je ne suis ni franco camerounais, ni de quelque autre nationalité que ce soit. Je n'ai qu'une seule nationalité, qu'un seul passeport. Je suis camerounais et n'ai besoin de quelque autre protection que ce soit, en dehors de celle de Dieu Tout Puissant en qui j'ai foi. Je crois, je suis convaincu que cette opération épervier qui est une " opération main propre " ne saurait inquiétée les honnêtes citoyens. Elle est menée par des techniciens manifestement aguerris et chacun faisant son travail, il ne devrait y avoir rien à redouter. Je considère que ce qui m'arrive est nécessaire à la manifestation de la vérité, les petits dégâts collatéraux tantôt relevés étant inévitables. Comprenez que je ne suis pas inquiet, fort des éléments de preuve et de témoignage que j'ai versés pour la manifestation de la vérité. Je n'ai même pas cru devoir constituer d'avocat à cet effet, compte tenu de la confidentialité de certaines informations !

On vous a vu rôder ces derniers jours du côté de l'Ambassade américaine ; n'était-ce donc pas pour chercher asile ou demander une intervention ?

Je vois que vous êtes très bien informé. Mais soyez bien convaincu que je n'y " rôdais " point, pour reprendre votre expression que je trouve plutôt inappropriée ! Sachez aussi qu'il n'ait surtout pas question d'asile ou d'intervention... A quelle fin ? Dans la droite ligne de la franchise qui prévaut depuis le début de notre entretien, je dirai oui, je me suis bel et bien rendu à plusieurs reprises à l'Ambassade des Usa cette dernière quinzaine. Mais, c'était à leur invitation et non de mon propre chef. Ils avaient besoin de certaines clarifications. Permettez-moi de ne pas entrer dans les détails...

Je vous le concède. Avant de clore cet entretien, que pensez-vous qu'il faille en retenir ?

Je pense qu'il faut retenir de cet entretien que j'ai trouvé une Camair en crise profonde, à l'état végétatif, délabrée, pratiquement sans aéronefs opérationnels, surendettée, en cessation de paiement et exclue du clearing house. J'ai redressé la compagnie, ne serait-ce qu'en comparaison de la situation trouvée à celle que j'ai laissée. J'ai laissé une société viable à mon successeur, avec une créance vis-à-vis de l'Etat de l'ordre de 22 milliards de Fcfa, qui ont été payés dans les 3 à 4 mois qui ont suivi mon départ alors qu'on me les avait refusé. Je n'ai par ailleurs guère bénéficié de subvention de fonctionnement comme cela a été le cas par la suite. Donc, la situation de la Camair était bonne. Je n'ai rien bradé et il n'y avait du reste rien à brader puisque je n'ai rien trouvé si ce n'est des dettes. Par ailleurs, je n'ai rien à voir dans cette histoire de l'Albatros. Enfin et s'agissant des 31 millions de dollars d'avance pour le BB jet du Président de la République, je n'ai pas touché le moindre centime. Je n'ai aucun lien avec Gia international, j'ai fait tout ce qu'il fallait pour livrer cet avion neuf au chef de l'Etat. Il en est de même des affaires CRJ-Bombardier ou Tva que vous avez évoquées. Ce qu'il faut donc retenir, c'est qu'en ce qui concerne les accusations qui sont portées contre moi, je suis blanc comme neige. Il n'est point besoin de " Kilav " comme je l'entends dire, car je suis propre.

Une dernière question, si vous le permettez : la Camair est morte et enterrée. Comment jugez-vous la disparition de la Camair et entrevoyez - vous l'avenir de Camair-Co ?

Police au domicile de YMF le 4 novembre 2010 pour <<retirer son passport>>

Par rapport à ce qui est arrivé à la Camair, je déplore que mon successeur n'ait pas poursuivi le travail que j'avais entamé, c'est-à-dire maintenir une bonne gouvernance avec une comptabilité à jour qui permette la traçabilité des opérations, ainsi qu'un bon niveau d'activités. J'ai une pensée pour le personnel, dont j'ai pu apprécier la compétence et le dévouement, et qui aura été d'un grand apport dans l'?œuvre de redressement que nous avons effectuée durant mon passage. Par rapport à la Camair-Co, ce qui est certain, c'est qu'il y a de la place pour une compagnie aérienne camerounaise. Le pays est une plaque tournante importante pour la desserte de la sous-région. Est-ce que la Camair-Co en constitution correspond à ce qu'il faudrait, je n'en sais rien, n'ayant pas eu accès aux tractations en cours pour la mise en place de la compagnie. Mais j'ai confiance aux personnes en charge de ce dossier pour savoir tirer les leçons du passé et éviter que les mêmes causes ne produisent les mêmes effets.

Question-bonus : avez-vous le sentiment que la presse camerounaise a accompagné vos détracteurs dans leurs œuvres contre votre personne ?

La presse camerounaise en général non. Ce ne serait pas honnête de ma part de le dire. Bien évidemment, une certaine presse, oui ! Celle destructrice qui est à la solde de certains groupuscules ou personnes tapies dans l'ombre, qui profitent de l'obscurité et qui ont peur de la lumière ou de la vérité. Eh bien, nous avons pris le parti de la transparence et de la justice. Heureusement qu'il existe encore des journalistes qui respectent la déontologie et le code d'honneur de ce beau métier.

Yves Michel Fotso exil volontaire à Singapour

Il dirige le groupe familial camerounais depuis Singapour. Mis hors de cause à la suite d'une enquête sur la chute de la Camair, il maintient son exil volontaire à des milliers de kilomètres de ses détracteurs.

Douala, début de la saison sèche. Au pied de l'immeuble de la Commercial Bank, le thermomètre bascule au-delà des 30° C en cette mi-décembre. À l'étage, une climatisation silencieuse rafraîchit l'imposant bureau, moderne et sobre, d'Yves Michel Fotso. Il s'ouvre sur un vaste salon où le président du conseil de surveillance de la Capital Financial Holdings Luxembourg (CFH), qui coiffe le groupe Commercial Bank, accueille ses interlocuteurs quand il est de passage. Tiré à quatre épingles, Yves Michel Fotso rompt d'une voix posée le silence qu'il s'est imposé depuis plus d'un an. La quiétude de l'endroit tranche avec l'effervescence qui a agité l'hôtel Hilton de Yaoundé quelques jours plus tôt, le 11 décembre 2007, au moment d'officialiser l'entrée de la Banque européenne d'investissement (BEI) et de la Société financière internationale (SFI), la filiale de la Banque mondiale, dans le capital de la CFH à hauteur de 19 % chacune. Injectant 10 millions d'euros dans la banque d'affaires camerounaise, appelée désormais à rayonner sur l'ensemble de la sous-région. Ministres, banquiers, diplomates, hauts fonctionnaires, chefs d'entreprise... plus de 800 personnes s'étaient pressées au premier étage du luxueux hôtel pour assister à l'événement. Un plébiscite pour Yves Michel Fotso, 48 ans, l'enfant du pays au parcours très controversé. Ironie de l'Histoire, c'est à un an d'intervalle, presque jour pour jour, que l'homme d'affaires officialisait son départ du Cameroun au cours d'une fastueuse soirée d'adieux. « Je voulais dire au revoir à certaines personnes. On a toujours un peu de mal à quitter sa terre, glisse-t-il. Et en annonçant que je partais, j'avais l'espoir qu'une partie de la presse qui m'attaque depuis des années n'allait pas écrire que je m'enfuyais. » En décembre 2006, il quittait donc son pays. Non pas pour aller faire du business en terrain connu, en France. Ou bien aux États-Unis, où il a étudié. Mais pour s'exiler très loin de ses repères. « Depuis le 1er janvier 2007, je ne suis plus un contribuable camerounais, explique-t-il. J'ai un titre de résident de Singapour, où je passe la moitié de mon temps. » Homme d'affaires jusqu'au bout des ongles, Yves Michel Fotso a posé ses valises dans le pays qui l'a accueilli aux meilleures conditions d'imposition. L'exil pour prix de la liberté ? « Je suis parti pour saisir les opportunités qui s'ouvrent en Extrême-Orient », résume-t-il. Il y a déjà créé deux sociétés de services financiers : la Société financière africaine de Singapour et le Fotso Group Holding Singapour, qui emploient pour l'instant cinq personnes. Et il développe actuellement des contacts en Chine. Pas de compromis Mais s'il a quitté son pays, c'est d'abord pour échapper au travail de sape d'une campagne de déstabilisation. Elle a débuté avec son accession à la tête de la Camair en juin 2000, lorsque le président de la République, Paul Biya, l'a appelé pour redresser la compagnie aérienne nationale en pleine déconfiture. « J'ai été le premier dirigeant pur produit du secteur privé à être appelé à la tête d'une société d'État. Pour certains, il ne fallait surtout pas que ça marche. Depuis, je fais l'objet d'une cabale », confie-t-il. Certes, celui que l'on surnommait « Terminator » ne s'est pas fait que des amis. « Je tiens tout d'une main de fer. Je sanctionne les fautes mais je sais récompenser », admet-il, expéditif. « Personne ne pouvait se prévaloir d'une recommandation ou d'un lien familial haut placé pour échapper à la sanction d'une faute », rapporte un cadre qui l'a vu à l'œuvre à la Camair. Mais, surtout, ses détracteurs l'accusent d'avoir précipité la faillite de la compagnie en ayant pris soin d'en devenir l'un des principaux créanciers à travers ses banques. « Au fond de moi, je sais que j'ai fait du bon boulot. Les avions étaient à nouveau ponctuels, les clients respectés et le service de qualité. Je me suis totalement investi, plus même que je ne l'aurais fait pour ma propre entreprise, afin d'honorer la mission que m'avait confiée le chef de l'État », insiste-t-il. En s'enrichissant au passage ? « Mon groupe a octroyé plus de 12 milliards de F CFA d'avances bancaires à la Camair, alors que plus aucune banque ne voulait lui prêter d'argent. Et j'ai mis 3 milliards de F CFA sur mes fonds personnels pour payer les salaires, le carburant et la maintenance. Et après cela on m'accuse d'avoir volé la Camair ? » plaide-t-il. Rien n'y fait. Il sera démis en novembre 2003. La blessure reste ouverte. Sans doute à jamais. Au Cameroun, le sujet reste brûlant. « S'il a détourné de l'argent, pourquoi n'est-il pas en prison ? Il n'avait pas besoin de celui de la Camair pour vivre », assure un chef d'entreprise de Douala. « Il a une réputation sulfureuse. Il y a sans doute une part d'exagération mais un homme d'affaires camerounais ne peut pas être clean », tempère un chef d'entreprise français, en connaisseur du pays. L'océan qu'il a mis entre ses adversaires et lui n'a pas suffi à éteindre le feu. « Je gêne parce que j'ai mon franc-parler, et je fais peur car on pense, à tort, que je pourrais peser sur certains choix, analyse-t-il. Pourtant, je n'ai cessé de répéter que je n'avais aucune ambition politique. Que je ne briguais aucun poste ministériel. Mais plus je dis, moins on me croit. C'est pour ça que j'ai décidé de déplacer ma base opérationnelle à Singapour pour laisser le champ libre à ceux à qui je semble faire de l'ombre. » Au cœur de l'arène Ce qui est sûr, c'est que le doute n'a pas profité à l'accusé. « L'affaire de la Camair » a failli lui coûter bien plus que sa réputation. Début 2005, Yves Michel Fotso a entamé les négociations avec la BEI et la SFI. En parallèle, « l'opération Épervier », chargée de combattre la corruption au Cameroun, débute quelques mois plus tard. Elle conduit à une première vague d'arrestations au cours du premier trimestre 2006. La rumeur prétend alors que son incarcération serait imminente. La BEI et la SFI suspendent les discussions. Une enquête de l'Inspection du contrôle supérieur de l'État le disculpera en octobre 2006. Et le fil des négociations reprendra son cours. Une période sombre qui a laissé des traces. « À plusieurs reprises, je me suis demandé pourquoi je continuais. Je pourrais vivre de mes dividendes. Mais je ne pourrais plus jamais me regarder dans un miroir si je laissais tomber les collaborateurs de haut niveau qui m'ont fait confiance. » Mi-décembre 2007, au cœur de l'arène, sur l'estrade du Hilton, le manager camerounais a dû apprécier le soutien officiel de la BEI et de la SFI. Mais sans donner une impression de suffisance. De trop de puissance. Une victoire contre ses détracteurs ? « Ma première et seule victoire a été le classement sans suite du dossier sur ma gestion de la Camair, répond-il. L'accord avec la BEI et la SFI est un encouragement pour tous ceux qui sont injustement mis en cause dans n'importe quel domaine. C'est la preuve que les deux institutions internationales, qui représentent l'hémisphère Nord et qui tiennent les économies et les finances du monde, ont eu foi en moi et dans mon groupe après avoir mené leurs propres investigations et sans tenir compte des rumeurs ou des manœuvres politiciennes de déstabilisation. » Un quitus qu'il offre à son père, Victor Fotso. Pour lui signifier que sa vie de bâtisseur n'a pas été vaine. Que son fils mérite le flambeau qu'il lui a légué. Yves Michel Fotso sait qu'il revient de très loin.

Yves Michel Fotso ecrit au ministre de la Justice

Excellence, Monsieur le Vice-Premier Ministre, Depuis mon passage à la direction de la défunte compagnie aérienne nationale Cameroon Airlines (Camair) - de juin 2000 à novembre 2003 -, je fais l'objet d'une virulente campagne médiatique sur fond de désinformation jamais égalée dans notre pays.

Ceux qui en sont les auteurs tendent à imprimer dans l'opinion, l'idée selon laquelle je serais le responsable de la cessation d'activités de cette société. De plus, tout est fait comme si la Camair a été créée le 20 juin 2000 à ma nomination et liquidée le 3 novembre 2003 à mon départ.

Pour ma part, j'ai conscience d'avoir donné le meilleur de moi-même au service de cette compagnie et de mon pays durant cette période. J'ai conscience d'avoir posé des actes patriotiques que peu de mes compatriotes, nantis des mêmes responsabilités, auraient osés. Au détriment de ma propre sécurité, j'ai eu à prendre des décisions courageuses et audacieuses, parfois contre l'avis de certaines hautes personnalités dans la hiérarchie de l'Etat, en précaution tant pour la sécurité du Président de la République que pour celle de mes compatriotes, sans m'en prévaloir.

Pourtant et bien malheureusement, je fais l'objet d'une campagne destructrice et haineuse depuis l'année 2002. Elle a atteint son pic durant l'été 2008, au point où il s'est trouvé des personnes dans l'appareil gouvernemental qui en sont venues à réclamer mon arrestation pour « satisfaire l'opinion » ! Jusqu'à présent, je garde confiance en la justice de mon pays, quand bien même celle-ci m'a livré en pâture à celle d'un pays étranger depuis fin 2005 (la justice helvétique en l'occurrence), fort heureusement en pure perte de temps jusqu'à ce jour. J'aurais certainement continué à subir en silence ces campagnes de dénigrement et de déstabilisation si celles-ci n'avaient, comme c'est le cas depuis la semaine du 1er novembre 2010, pris une nouvelle tournure exclusivement destinée à me décrédibiliser sur le plan international en pleine négociation avec des investisseurs étrangers pour la reprise du contrôle de ma banque, la Commercial Bank – Cameroun (CBC).

En effet, alors que j'ai obtenu la confiance de deux Groupes bancaires de renom, la prestigieuse Qatar Islamic Bank (QIB) et le Groupe NSIA de Côte d'Ivoire, le mandataire de l'Organe de régulation du secteur bancaire en Afrique Centrale (COBAC), constatant des avancées substantielles dans les négociations engagées, n'a rien trouvé de mieux que d'entrer en contact avec les potentiels investisseurs pour distiller des allégations incroyablement alarmistes sur la situation de la CBC d'une part, et plus encore, sur celle de son promoteur, Monsieur Yves Michel Fotso, qui serait en sursis et son arrestation imminente d'autre part. Excellence, Cette nouvelle offensive de ceux qui veulent et œuvrent à tout prix pour ma déchéance voire ma mort physique ne peut me laisser indifférent. Aussi, suis-je contraint d'appeler à témoin l'opinion publique camerounaise et la justice de mon pays que vous représentez pour que la situation soit clarifiée de façon définitive et de la manière la plus objective.

Une quête effrénée et déterminée d'un motif d'inculpation, par rapport à mon passage à la tête de la Camair, est menée depuis huit ans déjà. Et ceci, en dépit des investigations du Contrôle Supérieur de l'Etat menées en Mars 2006 uniquement sur ma seule période de gestion de la Camair ; investigations, faut-il le rappeler, qui avaient abouti en septembre 2006 à un rapport nous dédouanant de la totalité des accusations rocambolesques et mensongères et des calomnies proférées à notre encontre. En dépit de cela, la recherche perdure ; avec l'espoir pour ceux de mes détracteurs qui ont depuis quelque temps tombé le masque, de voir enfin relevée quelque faute, dont peut du reste être coupable tout gestionnaire, mais de bonne foi. A l'évidence, cela pourrait bien finir par arriver un jour.

En attendant, je vous prie, en votre âme et conscience, à la date d'aujourd'hui : * de porter les affaires dans lesquelles je suis ou pourrais être impliqué à la connaissance des camerounais, des représentations diplomatiques, des représentants de la Banque Mondiale et du FMI derrière lesquels mes oppresseurs (pour des intérêts personnels et financiers) se cachent pour exiger ma « mise à mort »;* de dire au camerounais si le refus du Commissaire Spécial de l'aéroport de Douala de me délivrer une attestation de confiscation de mon passeport d'une part, et le retrait de mon passeport le 8 novembre 2010 à la demande du Délégué Général à la Sureté Nationale sans qu'il ne me soit signifié un quelconque motif d'autre part, relèvent des procédures légales de la République du Cameroun ; * de porter à la connaissance de l'opinion nationale et internationale tout dossier pouvant justifier mon arrestation prochaine (déjà annoncée par certaines personnalités de la République), que vous auriez, en tant que représentant de la Justice au Cameroun, sur votre bureau.

Bien évidemment, je n'ai point la prétention, comme n'importe quel citoyen de notre pays, de croire que jamais vous ne disposerez d'un motif pour me faire interpeller. Mais la question lancinante, en cette quatrième semaine de novembre 2010, est celle de savoir si la Justice camerounaise serait en droit, légalement, sans enfreindre ses propres lois et règlements, de me faire arrêter « aujourd'hui » sans qu'un dossier d'inculpation ou acte d'accusation ait été dressé contre moi ? Excellence, Monsieur Le Vice Premier Ministre, Votre probité morale et votre sens de l'objectivité ont droit de cité. Votre attachement à une action basée sur des faits probants est reconnu par certains de vos collaborateurs qui clament par ailleurs votre sens de l'humilité et votre capacité à reconnaitre et corriger les torts qui résultent des actes d'injustice. Je lance aujourd'hui un cri du cœur. Un cri citoyen. Celui d'un simple être humain qui a aussi ses limites. Face à moi, ceux qui usent et abusent du pouvoir régalien de l'état à des fins personnelles, comptent entretenir cette torture psychologique pendant des années, en espérant me voir craquer.

Jusqu'à présent, « au droit de la force », j'ai opposé « la force du droit ». C'est pourquoi j'ai décidé d'appeler le peuple camerounais et la communauté internationale à témoin, avant d'être, éventuellement, victime d'une rupture d'anévrisme, d'un accident vasculaire cérébral, d'une crise cardiaque ou tout simplement avant d'être emporté par la mort dans des conditions suspectes comme cela a été le cas pour mon pauvre chauffeur il y a une dizaine de jours. En tout état de cause, je vous saurais infiniment gré de bien vouloir solennellement informer le public de toute action judiciaire qui existerait à ce jour contre moi dans les juridictions camerounaises et qui justifierait les torts que je subis avec toutes les conséquences incalculables et inimaginables que cela entraine tant sur ma santé que dans les affaires du Groupe dont j'ai la charge. Dans cette attente et vous en remerciant d'avance,

Je vous prie de croire, Excellence, Monsieur le Vice-premier Ministre, à l'assurance de ma haute et parfaite considération. /

Douala le 22 novembre 2010Yves Michel FOTSO

CBC: la nouvelle offensive d'Yves Michel Fotso

La non prorogation du mandat de l'actuel directeur général de la banque par la Cobac l'amène à constater la fin de l'administration provisoire. Il convoque par ailleurs un conseil d'administration extraordinaire qui siégera lundi prochain.

La non prorogation du mandat de l'actuel directeur général de la banque par la Cobac l'amène à établir un constat. Il convoque un conseil d'administration extraordinaire qui siégera lundi prochain. Un rire sourd au bout de la ligne accompagne la réponse laconique de Martin Luther Njanga Njoh, hier, sur les coups de 21h: «*Je n'ai rien à dire là-dessus* ». L'actuel directeur général de la Commercial bank of Cameroon (Cbc) ne confirme ni n'infirme non plus avoir reçu, dans la journée, une injonction matérialisée en une lettre. Yves Michel Fotso a d'ailleurs envoyé la missive au ministre des Finances, au président de la Commission bancaire de l'Afrique centrale (Cobac) – par ailleurs gouverneur de la Beac -, aux administrateurs de la banque ainsi qu'aux directeurs et sous directeurs. L'objet instruit sur la suite du contenu: « *Constat de la fin de l'administration provisoire de la Cbc* ». Yves Michel Fotso, qui se prévaut, entre autres, de la qualité de « *président du conseil d'administration* », s'appuie sur une omission de la Cobac. Le gendarme du système bancaire sous régional n'a pas, à sa connaissance, prorogé le mandat de Martin Luther Njanga Njoh arrivé à expiration le 5 novembre 2010. Par le passé, le régulateur s'était acquitté de cette obligation à deux reprises: le 17 avril 2010 et le 02 août. En allongeant chaque fois de trois mois le mandat initial de six mois de l'administrateur provisoire (Ap). Pour Yves Michel Fotso, la conséquence de ce qui est qualifié de « flou » dans son entourage coule de source : « (…) *je vous prie de noter que la période d'administration provisoire de la Cbc a de fait pris fin le 05 novembre dernier et que les organes sociaux sont également de fait rétablis.* » assène-t-il. Et la menace fuse : « (…), *je voudrais par la présente vous faire relever que tous les actes que vous avez posés en tant qu'administrateur provisoire depuis le 6 novembre 2010 sont nuls et de nul effet. Bien plus, poursuit-il à l'endroit de Martin Njanga Njoh, au cas où ceux-ci seraient contraires aux intérêts de l'établissement, vous en serez personnellement tenu pour responsable devant la loi.* » Fort de cette démonstration, le président du conseil d'administration convoque un conseil d'administration extraordinaire le lundi 22 novembre, dès 15h. Il invite au passage l'Ap à mettre les documents comptables à jour. Absence de vigilance de la Cobac Un proche de l'homme d'affaires tient à souligner qu'à travers cette lettre, celui-ci veut attirer l'attention sur « un vide juridique » provoqué par l'absence de vigilance de la Cobac. « *L'actuel directeur général a eu à poser entre temps des actes de gestion. Sur quelle base légale agit-il donc depuis la date d'expiration de son mandat ? Quid du dépôt de sa signature chez les correspondants bancaires étrangers qui avait une date précise de validité?* » rappelle-t-il. En dehors du retrait de l'agrément comme issue possible, il ne manque pas de relever le tour de passe-passe procédural auquel pourrait se livrer la Cobac pour rétablir la situation, à savoir « *proroger le mandat de l'administrateur provisoire en antidatant la décision* ». Et de conclure : « *Dans tous les cas, elle aura enfreint ses propres textes.* » La même missive du Pca de la Cbc dévoile aussi un pan du plan de restructuration de la banque concocté par ses soins. Dans la mesure où Yves Michel Fotso instruit Martin Njanga Njoh à se « *rendre disponible dans les meilleurs délais pour recevoir les potentiels repreneurs que sont la Qatar Islamic Bank (QIB) et le Groupe NSIA de Côte d'Ivoire pour leurs missions de « due diligence » en vue de leur participation effective à la restructuration de notre établissement.* » Pour quelque observateur du paysage bancaire national, « *les partenaires sur lesquels il va s'appuyer pour reprendre le contrôle de la banque sont tout trouvés.* » Si et seulement si la Cobac y fait droit…

LA BANQUE DE FOTSO MENACEE D'ETRANGLEMENT

Les nombreuses jongleries de la Commission bancaire d'Afrique centrale (Cobac) et les dernières positions du gouvernement, au sujet de la restructuration de la Commercial Bank of Cameroun (Cbc) ont ouvertement étalé les plans montés pour tromper le chef de l'Etat, anéantir les efforts de Yves Michel Fotso et des siens.

Dans l'édition du 15 novembre 2010, parlant des dessous du retrait du passeport de Yves Michel Fotso, La Météo soulignait déjà le fait que cette situation remettait au goût du jour les batailles que se livrent certains réseaux aux tentacules inimaginables, pour contrôler et plomber l'opération épervier. Les informations de première main que nous avons pu obtenir en haut lieu indiquent bel et bien que la Cobac, et d'autres acteurs, entretiennent le flou dans la restructuration de la Cbc.

Bien plus, tout se passe comme si on voulait absolument noyer tous les efforts de l'actionnaire majoritaire, représenté par Yves Michel Fotso, pour couler l'institution bancaire, afin de la céder à un franc symbolique. Comment comprendre qu'après avoir insisté le 02 novembre 2009 au cours d'une réunion à Douala, les organes sociaux de la Cbc soient remplacés par l'Administration provisoire (Ap) au vu de l'ampleur de la restructuration à faire, c'est le directeur général Martin Luther Njanga Njoh qui est curieusement porté à sa tête par la Cobac, avec pour principale mission l'établissement d'un plan de sauvetage de la société ?

Depuis cette date jusqu'à ce jour, non seulement tous les plans de restructuration proposés par l'Ap se sont avérés approximatifs, sans que l'institution régulatrice ne s'en émeuve, mais elle s'est même plutôt intéressée aux propositions de redressement de Yves Michel Fotso, lors de son audition par les émissaires de la Cobac, le 25 octobre 2010 à Douala. C'est au cours de cet échange qu'il a été

La police au siege de la CBC à Douala

fortement recommandé à l'actionnaire majoritaire de la Cbc, de soumettre ses propositions au vote des autres actionnaires, de préciser ses partenaires de la restructuration et d'obtenir l'engagement de l'Etat dans ce processus. Et alors qu'on n'attendait que l'aboutissement de ce processus jusqu' à cette fin du mois, la fameuse Cobac a reconduit malicieusement le mandat de Martin Luther Njanga Njoh en réaction au courrier du Pca qui constatait que, jusqu'à la date du 18 novembre 2010, le mandat de l'Ap n'étant pas prorogé, la Direction générale et le Conseil d'administration pouvaient être rétablis.

C'était sans compter avec la duplicité de certains pontes du régime qui ont plutôt fait croire au président de la République que Yves Michel Fotso voudrait se mettre à l'abri de l'affaire albatros. Tout recoupement fait, on peut dire aujourd'hui sans risque de se tromper que rien ne justifiait la jactance qui a entouré le retrait du passeport de l'homme d'affaire, puisqu'il a lui-même annoncé à maintes reprises son entière disponibilité à la Justice de son pays, qui plus est, ne l'a jamais notifié de quoi que ce soit. Et en plus de cela, d'autres personnalités impliquées dans cette affaire ne se sont jamais vues retirer leurs documents de voyage. La seule fois où le juge d'instruction de cette affaire albatros, Pascal Magnaguemabe, a tenté de provoquer l'interdiction de sortie au ministre Marafa, cela lui a coûté une audition au dernier Conseil supérieur de la magistrature.

VOICI COMMENT MONSIEUR ESSIMI MENYE LE MINISTRE DES FINANCES A MENTI

La sortie médiatique récente de Lazare Essimi Menyé n'a pas fini de faire des vagues. Non sans avoir semé un profond doute au sein des milieux d'affaires. Indignant également au passage l'ensemble de la communauté financière nationale et internationale. Et pour cause ? Un Ministre des finances manifestement conditionné s'est fait l'avocat du diable en se dévoilant être le porte-parole de la haine et du sabotage. A coups de mensonges et de contrevérités. Analyses... Par une lettre du Ministre des finances datant du 22 novembre 2010 et adressée à Yves Michel Fotso, président de Capital Financial Holding, Essimi Menye affirmait que l'homme d'affaire camerounais avait reconnu être porteur d'une créance "douteuse" sur la CBC d'un montant de 396 902 531 frs Cfa. Le ministre camerounais invitait dans cette correspondance Yves Michel Fotso à s'acquitter "sous huitaine" de cette dette. Par ailleurs, devant les médias d'Etat le 25 novembre dernier, Monsieur Essimi Menye affirmait cette fois qu'Yves Michel Fotso le principal actionnaire est porteur d'une dette de dix milliards de Francs CFA. Somme erronées si l'on s'en tient au contenu de sa correspondance adressée à YMF le 22 novembre dernier. Le Ministre n'a pas mentionné pour l'entendement de l'opinion nationale et internationale que l'homme d'affaire camerounais avait présenté trois plans de sortie de crise avec éventuellement comme gage de sa bonne foi, la constitution en caution de l'ensemble de son patrimoine personnel évalué à plusieurs dizaines de milliards. Lire la lettre jointe d'Yves Michel Fotso datant du 1er décembre 2010 adressée au ministre des finances du Cameroun.

D'après Lazare Essimi Menye, au cours d'une sortie médiatique au sortir de la cérémonie de présentation de la convention collective révisée des métiers de la banque et des établissements de micro finance du 24 novembre dernier, de nombreux crédits d'une valeur d'environ 60 milliards Fcfa auraient été accordés pour le financement des projets fictifs. Un constat selon lui étayé par les descentes sur le terrain des commissions de vérification à posteriori des projets financés par la Cbc. Parmi les détenteurs de l'argent de la CBC, selon le même ministre, Yves Michel serait lui-même indexé avec une dette de l'ordre de 10 milliards Fcfa environ.

Les agissements de Essimi Menye, indiquent la démesure d'un responsable censé incarner la politique financière d'un gouvernement de la république, mais manifestement reconverti en consultant pour ses intérêts personnels. Il est définitivement acquis que Lazare Essimi Menyé est allé plus loin que tous ces soupçons, confirmant en quelques minutes de déclarations irresponsables et insensées à la radio, dans Cameroon Tribune etc. tout le mal que l'opinion publique nationale pensait de lui. Mieux, le Ministre des finances s'est particulièrement illustré dans sa sortie controversée comme l'acteur inattendu d'un complot, voire le bras armé d'une mise à mort déployée contre le Groupe Fotso, mais davantage comme l'agent commercial de la société de haine contre les Fotso

Selon la COMICODI (Commission indépendante contre la Corruption et la discrimination), dans une récente correspondance datant du 29 novembre 2010 et adressée au Premier ministre camerounais, le ministre des finances jette le trouble dans l'opinion, en prétendant qu'il va poursuivre les débiteurs de la CBC en justice, mais l'Etat est-il déjà acquéreur de la banque ? Et même si l'Etat était acquéreur, depuis quand conduit-on les débiteurs de banque en prison ? s'interroge cette organisation dirigée par le docteur jean Claude Shanda Tonme

Toujours selon la Comicodi, les faits sont constants et témoignent. Usant et abusant librement des moyens de communication de l'Etat, le ministre a effectué plusieurs sorties médiatiques qui à l'analyse, ont toutes un seul et même objectif, celui de dénigrer, d'humilier, de ruiner au besoin et de discréditer le principal actionnaire. Dans cette lancée tout est mis en œuvre : mensonges, campagnes sournoises auprès des bailleurs ; subordination de certains Directeurs de publication de la presse privée. Tapages du genre mémorable, « la famille Fotso n'est plus propriétaire de la CBC etc.

La thèse d'un éventuel complot démontre clairement que le dénouement de ce long métrage plein de rebondissements est encore loin et que Monsieur Essimi Menye le Ministre des finances a menti. Mais à quelle fin ?

Extraits de la lettre adressée le 22 nov 2010 à YMF par le MINFI au sujet de la restructuration de la CBC

A
Monsieur ESSIMI MENYE

Yaoundé, le 22 NOV 2010

LE MINISTRE DES FINANCES
A
Monsieur le Président de
Capital Financial Holdings
BP : 4004
Douala-Cameroun

Objet : Restructuration CBC.

Monsieur le Président,

Lors de la séance de travail tenue le 29 octobre 2010 dans mon cabinet, et à laquelle vous avez pris part, vous avez reconnu être porteur d'une créance douteuse sur la CBC d'un montant de FCFA 396.902.531. A cette occasion, vous vous êtes engagés à procéder à son règlement à première demande.

Je vous invite par conséquent à vous acquitter de cette dette sous huitaine et ce à compter de la date de réception de la présente correspondance.

Par ailleurs, afin de faciliter le redressement de la Commercial Bank-Cameroun, vous avez proposé d'apporter des garanties assises sur des éléments de votre patrimoine personnel.

A cet effet, je vous demande de bien vouloir mettre à ma disposition dans les plus brefs délais, toute la documentation juridique (titres fonciers, certificats de propriété, expertise...etc.) afférente auxdites garanties.

Je vous prie d'agréer, Monsieur le Président, l'assurance de ma considération distinguée./-

cc : SG/PR

Essimi Menye

LE PASSEPORT DE YVES MICHEL FOTSO DE NOUVEAU RETIRÉ PAR LA POLICE

Jeudi dernier, l'on notait la présence des forces de l'ordre autour de son domicile. Le délégué régional de la Sureté nationale, Albert Mbida Nkili qui conduisait les troupes au début avait été relayé par quelques hauts cadres de la police judiciaire. Même si rien n'avait filtré sur les motifs de cette descente, quelques hommes en tenue rencontrés par nos soins se refusaient de tout commentaire.Hier très tôt dans la matinée, pour répondre à une convocation qui lui avait été servie samedi dernier par le chef par intérim de la division régionale de la Police judiciaire du Littoral, le commissaire principal Iya,il a été reçu par le commissaire divisionnaire Mbida Nkili, qui lui a indiqué l'objet de la convocation : « retrait de passeport ».

Selon nos sources, Yves Michel Fotso a pour un premier temps refusé de remettre son passeport et a souhaité déposer ce dernier sur la table du commissaire divisionnaire Mbida Nkili, sous "décharge". Ce qui a été fait toujours selon la même source avec l'aval de Martin Mbarga Nguelé, délégué général à la sureté nationale,.

Yves Michel Fotso a été administrateur directeur général de la défunte Camair. Son séjour à la tête de la compagnie nationale de transports aériens fait l'objet d'une enquête judiciaire dans le cadre de l'affaire Albatros, du nom de l'avion présidentiel que de hautes responsables du Cameroun ont tenté d'acquérir pour le président Biya.

Le 28 avril 2008, au pied de l'immeuble de la Commercial Bank à Bonanjo (Douala) se trouvait une immense foule de curieux. À l'étage, se tenait le conseil d'administration de la Cbc. L'immeuble siège avait en effet été quadrillé par des éléments de la gendarmerie et de la police judiciaire sous le regard très attentif de journalistes venus assister à l'arrestation de Yves Michel Fotso. Pourtant, il s'agissait simplement de la signification de sa première convocation dans le cadre de l'affaire Albatros, du nom d'un avion présidentiel dont l'acquisition, en 2004, s'est faite dans des conditions peu claires.

Yves Michel FOTSO sera entendu à la direction de la police judiciaire à Yaoundé le mercredi 30 avril 2008, audition au cours de laquelle son passeport lui sera retiré et restitué 17 mois plus tard.

Signalons que l'héritier de Victor Fotso qui a toujours clamé son innocence à la fois par rapport à l'opération épervier et sa gestion de la CAMAIR, n'a jamais été entendu par un juge d'instruction; ses convocations se limitant à la police judiciaire pour des enquêtes préliminaires. Au moment où nous quittions le quartier Bali ce jour aux environs de 20 heures, l'on pouvait encore apercevoir devant les deux grands portails de la résidence de Yves Michel Fotso, quelques éléments de la police. Pourquoi procéder au retrait du passeport YMF sous fond de tapage médiatique ? Est ce pour l'empêcher de vaquer à ses occupations quotidiennes en dehors du territoire camerounais ? se demande ce matin Bernard Mouliom dans sa chronique hebdomadaire dans le jounal la république dans sa parution de ce matin.

Restructuration bancaire: La CBC et les passeports de M. Yves Michel Fotso

Convaincu de la difficulté de conserver la présidence du Conseil d'administration de la Cbc, l'ancien Dg de la Camair laisse penser qu'une main obscure limite ses mouvements pour torpiller son action

Il y a longtemps qu'il vivait pratiquement dans la discrétion. Depuis un an environ, avec l'entrée en vigueur de la décision de la Commission bancaire d'Afrique centrale (Cobac) mettant la Commercial Bank Cameroun (Cbc), banque contrôlée par le groupe Fotso, sous administration provisoire, on n'avait quasiment plus entendu parler de son très médiatique président du conseil d'administration (Pca). Sauf une fois, lorsque le juge d'instruction chargé d'enquêter entre autres sur le processus d'acquisition foireux d'un avion pour la flotte présidentielle avait promis de l'inculper et demandé que sa liberté d'aller et venir soit limitée. M. Yves Michel Fotso avait alors envoyé une lettre au président de la République pour donner sa version des faits et contredire ce qu'il considère comme ses ennemis. Une correspondance dont Repères avait fait l'économie dans ses colonnes. Jeudi 4 novembre 2010, M. Fotso est revenu au-devant de la scène. Apparemment malgré lui, mais de façon assez tonitruante. Des policiers en civil et en tenue ont en effet cerné son domicile à Bali, un quartier de Douala, pendant une bonne partie de la journée. Conduits par le délégué régional de la Sûreté nationale dans le Littoral qu'accompagnait le chef du service régional de la police judiciaire, ces policiers ont vainement tenté de récupérer le passeport de l'homme d'affaires rendu dans les services de la police sur convocation lundi 8 novembre et a remis son document de voyage aux autorités policières. L'arrivée spectaculaire des policiers chez M. Fotso fait suite à un précédent incident, quelques jours plus tôt, à l'aéroport international de Douala. Selon des informations véhiculées par son entourage, l'ancien Adg de la Camair effectuait les formalités usuelles pour aller en

Centrafrique lorsque la police des frontières l'a informé de ce qu'il était sous le coup d'une interdiction de sortie du territoire national. Son passeport lui aurait été réclamé sur le champ. Mais l'homme d'affaires se serait exécuté partiellement seulement, remettant aux policiers un seul passeport alors qu'il en détiendrait deux. Et face à son refus de se dessaisir de ce deuxième passeport, les policiers auraient annoncé qu'ils reviendraient à la charge. DEMANDE INCONGRUE En bon stratège, l'homme d'affaires a vite lié l'incident à l'actualité au sein de la Cbc, puisque le processus de normalisation de la gestion de l'établissement financier conduit par l'administrateur provisoire, M. Martin Luther Njanga Njoh, est dans sa phase cruciale. Repères a appris d'une source bien informée qu'après un examen minutieux de la situation de la Cbc, l'administrateur provisoire a ? des actionnaires un plan de restructuration présentant deux schémas possibles de sortie de crise. Les actionnaires auraient validé l'une des options, qui prévoit notamment le recrutement par la banque d'un partenaire stratégique qui serait chargé, entre autres, d'apporter des capitaux nouveaux pour faire face au lourd endettement de la Cbc. Mais ces actionnaires, contrôlés par le groupe Fotso, auraient demandé que M. Yves-Michel soit president du conseil d'administration après la restructuration. Mais cette demande paraît incongrue au regard de la réglementation bancaire dans la sous-région d'Afrique centrale et du passage de l'homme d'affaires à la Camair, qui lui vaut de nombreuses procédures judiciaires et a déjà été plusieurs fois par le passé à l'origine de ses déboires avec la police des frontières. «*Depuis quelques mois, explique un expert financier basé à Douala, la Cobac a décidé d'agréer les présidents des conseils d'administration des banques*». Autrement dit, si on le rapporte au cas de la Cbc, M. Fotso a besoin de l'agrément de la Cobac pour espérer conserver son fauteuil de Pca après la restructuration. Or, les « maladies » diagnostiquées à la Cbc et dans d'autres entités du groupe bancaire, notamment la

Société financière africaine (Sfa) et la Commercial Financial Holding (Cfh), qui ont déjà fait l'objet d'un retrait d'agrément de la part de la Cobac, ne plaident guère en faveur de l'ancien Adg de la Camair. «*La situation financière difficile de l'entreprise est essentiellement due non seulement à la mauvaise gouvernance de la banque, qui ne respectait pas beaucoup la réglementation dans sa politique d'attribution des crédits, mais aussi au non respect des normes prudentielles*», explique une source proche du dossier. Cette dernière ajoute qu'avec autour de 45 milliards FCFA de créances douteuses, pointage fait en 2009, dont plus de la moitié détenues soit par les entreprises du groupe Fotso, soit par les membres de la famille, il y a peu de chance pour l'ancien Adg de la Camair de conserver la présidence du conseil d'administration de la Cbc. Conscient de cette appréhension sur sa personne, l'homme d'affaires aurait décidé de faire du lobbying auprès des pouvoirs publics et de la Cobac pour inverser la tendance. AVIS DÉFAVORABLE Repères a appris que peu de temps avant son dernier voyage en direction du Cameroun (il a séjourné pendant plusieurs semaines en Occident), il avait été reçu en audience par le chef de l'Etat. A-t-il alors eu, de la part de M. Paul Biya, des assurances qu'il avait le soutien des pouvoirs publics dans sa tentative de conserver ses positions au sein de l'établissement bancaire ? Ce qu'on sait, c'est que l'homme d'affaires s'est montré très offensif depuis son retour au Cameroun, rassuré par le partenariat négocié avec un groupe financier qatari (Qatar islamic Bank) qui devrait entrer dans le capital social de la Cbc. C'est ainsi qu'il a décroché des rendez-vous, il y a dix jours, tour à tour dans les services du Premier ministre et au ministère des Finances avec l'intention de convaincre M. Essimi Menye d'appuyer son vœu de demeurer Pca de la Cbc et d'imposer à la Cobac le groupe qatari comme partenaire financier de la banque camerounaise. Il se trouve, d'après la réglementation bancaire, qu'après l'aval donné par l'Assemblée générale de la Cbc au plan de restructuration proposé par l'administrateur provisoire, le ministre des Finances, autorité monétaire du pays, devait donner son avis écrit, avant l'acheminement du dossier à la Cobac, le gendarme des banques, qui doit l'examiner et décider si les vœux des actionnaires sont acceptés. Selon nos sources, le ministre des Finances est d'accord avec le plan de sortie de crise de la Cbc, mais a marqué sa réserve quant à la reconduction de M. Fotso dans les fonctions de Pca. En effet, si les problèmes structurels et organisationnels de la banque (à l'origine des déboires de la Cbc) sont assurés de trouver remède, il reste le traitement des lourdes créances compromises, essentiellement puisées dans l'épargne du public. Le Trésor public, qui, dans son rôle de pompier, peut être amené à mettre la main dans le portefeuille pour renflouer la banque, trouve illogique de conserver la confiance au principal responsable de la crise. Sans doute informé de la tiédeur des autorités de Yaoundé face à ses démarches, l'homme d'affaires concocte un plan B. D'où sa tentative de se rendre en Centrafrique et, semble-t-il, au Tchad, pour remobiliser les pouvoirs politiques en sa faveur. C'est à ce moment qu'il apprend qu'il ne peut plus sortir du territoire et qu'il doit se dessaisir de ses deux passeports. Ceci est-il la conséquence de cela ? Si les données du dossier, clairement en défaveur de M. Fotso, permettent d'en douter, le caractère spectaculaire de la traque du passeport donne quant à elle du crédit a la thèse développée par l'homme d'affaires et ses proches.

Le rouleau compresseur aux trousses d'Yves Michel Fotso

Depuis quelques jours, Yves Michel Fotso, l'ex Administrateur directeur général (Adg) de la Cameroon Airlines (Camair), est dans le collimateur d'une nébuleuse.

Lundi dernier son passeport a été retiré par le délégué régional à la sureté nationale du Littoral. Difficile de dire avec exactitude ce qui est reproché au fils de l'homme d'affaires de Bandjoun, Victor Fotso. Toujours est-il que depuis quelques jours, son domicile de Bonanjo à Douala faisait l'objet d'un encerclement par la police. Tout commence le samedi 30 octobre 2010 avec une convocation de la police judiciaire servie à Yves Michel Fotso. Cinq jours plus tard, c'est-à-dire le jeudi 4 novembre 2010, la police tente de retirer son passeport, mais l'ex Adg de la Camair s'y oppose et refuse d'ouvrir les portes de son domicile aux sbires venus à ses trousses. Grâce à la présence de nombreux journalistes présents sur les lieux et qui tenaient absolument à vivre en direct l'enlèvement de cet homme d'affaires, les policiers qui ont déclaré ne pas vouloir théâtraliser les arrestations, comme ce fut le cas par le passé, ont battu en retraite. Mais dans son souci de collaborer en répondant à la convocation qui lui avait été servie quelques jours plus tôt, Yves Michel Fotso s'est lui-même rendu le lundi 8 novembre dernier dans les focaux de la police judiciaire de Douala où il a été accueilli par le délégué régional à la sureté nationale, le commissaire Mbida Nkili qui lui a alors signifié l'objet de sa convocation. Le commissaire Mbida Nkili, qui aurait déclaré à Yves Michel Fotso qu'il agissait ainsi en exécution de sa haute hiérarchie. L'ex Adg de la Camair qui à ainsi accepté, comme à son habitude, de se mettre à la disposition de la police, s'apprêtait à se rendre, selon une source policière, dans la capitale Centrafricaine, Bangui, pour une rencontre d'affaires.

ATERMOIEMENTS ILLIMITES Ce n'est pas la première fois que ce fils de Bandjoun dans la région de l'Ouest se retrouve dans une situation inconfortable. Il y a plus de deux ans, notamment en avril 2008, dans le cadre de l'"opération épervier", Yves Michel Fotso avait déjà été l'objet d'une tentative d'arrestation dans son domicile par la police. Par ailleurs, il avait été entendu à Yaoundé par la direction de la police judiciaire au sujet, disait-on, de l'affaire de l'avion du président Paul Biya et pour des problèmes de détournements de deniers publics à la Camair. Depuis ce moment, la vie de l'ex Adg n'était plus de tout repos; d'autant plus que rumeurs et contre rumeurs au sujet de son éventuelle arrestation se succédaient. On se souvient d'ailleurs qu'à l'époque, cet ancien étudiant des écoles américaines était monté au créneau sur trois grandes chaines de télévisons, à savoir, Canal 2 international, Stv et Equinoxe, pour expliquer à l'opinion nationale ce qui semblait être sa part de vérité sur ce dont les rumeurs l'accusaient. Les deux sujets phares de son entretien avec les journalistes de ces trois chaines de télévision étaient ceux liés à l'affaire de l'achat de l'Albatros, du nom de l'avion présidentiel qui avait failli coûter la vie au chef de l'Etat, et à sa gestion en tant que Administrateur directeur général de la défunte Camair, devenue aujourd'hui Camair Co. D'ailleurs, Yves Michel Fotso qui ne maîtrise pas seulement l'art oratoire mais aussi le bien fondé d'un acte de communication, révéla, entre autres, à la grande stupéfaction des Camerounais, que la Camair n'avait aucune comptabilité lisible à son arrivée à la tête de cette compagnie de transport aérien. Signalons que dans le cadre de cette affaire Albatros, certaines hautes personnalités de la république ont été écoutées par la police judiciaire, tandis que d'autres, à l'instar de l'ancien secrétaire général de la présidence de la République, Jean-Marie Atangana Mebara, sont en détention à la prison centrale de Yaoundé. Convoqués comme témoins, Yves Michel Fotso, directeur général de la Camair au moment des faits et Jean Marie Asene Nkou, consultant ayant touché 500 millions de commissions pour avoir servi d'intermédiaire dans la transaction entre Camair et Gia International, étaient absents à l'audience du 21 octobre 2010 au tribunal de grande instance (Tgi) du Mfoundi. Seulement, en dépit de cette problématique sortie médiatique et de ces explications clairement fournies, le rouleau compresseur s'était mis aux trousses de celui qui avait eu le courage de mettre fin aux nombreux avantages dont bénéficiaient certaines pontes du régime dans cette entreprise "vache à lait". C'est ainsi que son passeport avait été retiré puis, remis l'année dernière, sur instruction, précisaient certaines sources, du président de la république, afin de lui permettre d'aller chercher la dépouille de sa mère en France.

COÏNCIDENCE A voir comment ce dossier est géré, l'on ne sait plus si cette affaire avance ou non. Tout se passe comme si ces atermoiements illimités étaient une stratégie visant à mettre Yves Michel Fotso dans une mauvaise posture psychologique. Mais à quelle fin ? Pour l'instant, l'on ne saurait le dire. Mais le moment choisi pour le retrait de son passeport offre aux observateurs une piste de réflexion. En effet, la convocation d'Yves Michel Fotso par le service de la police judiciaire à Douala, arrive à un moment où le groupe Fotso, après avoir perdu le contrôle de la Commercial Bank of Cameroun (Cbc), est actuellement engagé dans des négociations avec dés Institutions financières internationales et des partenaires asiatiques en vue de la restructuration de cette banque. Ces nouveaux partenaires d'affaires veulent notamment entrer dans le capital de la banque. Or, l'Etat camerounais avait déjà manifesté, en 2009, par la voix du ministre Essimi Menye des Finances, son intention de venir en aide à cet Etablissement financier qui compte pour l'économie nationale. « *Sans émotions, il faudrait qu'on lui redonne un peu de sang neuf au niveau de ses financements* », avait-il alors déclaré en substance avant de poursuivre : « *Dans les prochaines semaines, nous allons mettre à la disposition de cette institution, une enveloppe financière pour l'aider à refinancer les fonds propres moyennant un plan de restructuration qui est en préparation* ». Aujourd'hui, les promesses du Minfi ne sont pas encore tenues. Et c'est dans la dynamique de la recherche des partenaires pour la recapitalisation de la Cbc qu'Yves Michel Fotso connait des démêlées avec la justice. De quoi plomber l'enthousiasme des investisseurs qui avaient déjà manifesté leur volonté à aider la Cbc à renflouer son capital. Dans tous les cas, la coïncidence est troublante et le moins que l'on puisse souhaiter est que cette affaire évite des confusions et que la transparence soit de mise.

Un malheur ne vient jamais seul

C'est un véritable coup de massue qu'Yves Michel Fotso reçoit sur sa tête. À peine son passeport vient-il d'être retiré qu'on lui annonce le décès de son chauffeur. La nouvelle s'est très vite répandue dans la capitale politique du Cameroun et sur Internet. Le regretté Kengne Etienne, chauffeur de Yves Michel Fotso depuis 15 ans, a été trouvé mort à son domicile, le mardi 09 novembre 2010. Des sources proches de la famille du defunt affirment que ne s'étant pas présenté au travail mardi, et n'ayant pas répondu au téléphone, les proches de son employeur ont été envoyés voir à son domicile où ils ont découvert qu'il se trouvait dans son lit raide mort, en tenue d'Adam. Mort naturelle ou assassinat ? Nul ne peut oser avancer une hypothèse. Toujours est-il que le moment où survient ce décès ouvre les portes à des spéculations. Au moment où nous allions sous presse, aucune information ne filtrait sur les circonstances troubles de ce décès. Et comme on dit généralement un malheur ne vient jamais seul. Dans l'univers d'Yves Michel Fotso, les événements s'enchainent. La semaine qui vient de s'écouler à été riche. Selon nos sources, les choses commencent dès les premières heures de la matinée du 04 novembre 2010. Très tôt le matin, la police prend position autour de la résidence d'Yves Michel Fotso. Il est 10h30mn, madame Yves Michel Fotso s'apprête à se rendre à son travail. Elle se rend compte qu'un véhicule de marque Toyota Prado immatriculé SN de la police barre l'entrée de son grand portail. Dans le véhicule, deux occupants : un Commissaire divisionnaire avec, à ses côtés un Commissaire de la sureté nationale. Celui-ci déclare vouloir délivrer un message verbal au patron des lieux. Madame répond en lui disant qu'elle n'a aucune idée de là où se trouve son mari. Le commissaire enchaîne. « *Mais madame, vous ne pouvez pas soutenir que votre mari sort le matin sans vous dire où il va.* » Madame Fotso rétorque : « *Mais, monsieur le commissaire, je ne contrôle pas l'emploi de temps de mon mari.* » « *Bon, persiste le commissaire, appelez-le et dites-lui que nous voulons simplement lui délivrer un message verbal.* » Dame Fotso insiste pour que le message lui soit remis s'il est écrit, ou au moins une convocation. Le commissaire lui rétorque qu'ils n'ont ni l'un ni l'autre. « *Nous devons absolument lui parler. Nous ne sommes pas venus l'arrêter et nous n'avons nullement envie de faire des vagues. D 'ailleurs, nous aurions pu venir en civil, mais, par obligation, nous sommes en tenues pour bien signifier que nous sommes en mission* », précise le commissaire. Il est 12 h30 min. Un visiteur, en l'occurrence Shanda Tonme veut quitter la résidence où il s'y trouvait. Il se dirige vers le commissaire et lui demande s'il peut passer tranquillement. Le commissaire refuse de déplacer le véhicule qui barrait l'entrée principale de la résidence et lui ordonne d'emprunter la deuxième sortie. Toute la journée, la résidence reste sous surveillance. Autour de 16 heures, le Commissaire divisionnaire toujours stationné à l'entrée du portail d'Yves Michel Fotso, demande au gardien, l'air menaçant, de faire venir la dame de la résidence. Il déclare être disposé à utiliser de grands moyens pour atteindre leur objectif. Puis, il affirme vouloir seulement récupérer le passeport du patron des lieux. Il veut ce document et tout de suite. Son patron, poursuit-il, attend de connaître la suite de l'opération. Vers 18 heures 15min, les deux flics se retirent des lieux, mais laissent sur place, des collaborateurs. Toute la journée du 04 novembre, les abords de la résidence d'Yves Michel Fotso sont animés. Curieux, journalistes et autres passants sont venus aux nouvelles. Puis, une rumeur parvient aux oreilles des occupants de la résidence selon laquelle des policiers se préparent à donner un assaut final au petit matin avec des grands moyens. Fort heureusement, pour la famille Fotso, ce n'était qu'une rumeur. Mais, en réalité pour les policiers, ce n'était que partie remise. Puisque le samedi 05 novembre, le chef de la Division régionale de la police judiciaire du Littoral par intérim, Ibrahima Iya, signe une convocation qui est remise à Yves Michel Fotso, lui demandant de se présenter le 08 novembre 2010 dans les services de la Délégation régionale de la sûreté nationale du Littoral pour affaire urgente le concernant. Le jour J, c'est-à-dire le lundi, lorsque l'ex-Adg s'y est rendu, son passeport est retiré par le délégué régional de la police judiciaire, Joachim Mbida Nkili, contre un document signé prouvant la rétention de cette pièce d'identité. Il n'en fallait pas plus pour que les langues se délient à nouveau. Jean Vincent Tchienehom, à Équivoque TV, pense que nous sommes en plein dans un univers Kafkaïen et s'interroge sur les raisons d'un tel acharnement. « *Pourquoi un tel acharnement contre un individu de surcroît homme d'affaires à la tête d'un grand groupe pourvoyeur de milliers d'emplois à de nombreux Camerounais et contributeur important aux ressources fiscales de l'État ? Le gouvernement pense-t-il que c'est en criminalisant comme cela un capitaine d'industrie qu'il peut inciter les investisseurs étrangers et nationaux à parier sur le Cameroun où au climat d'affaires déjà détestables s'ajoute dans le cas qui nous concerne une flagrante violation des droits de l'homme ? Pourquoi ne pas se prononcer sur les différents plans de restructuration de la Cbc proposés par Monsieur Fotso au lieu de l'intimider, en lui faisant comprendre qu'il devrait renoncer gentiment à l'œuvre de sa vie ?* », Se demande-t-il ? Autant de questions qui restent jusqu'ici sans réponses et qui confortent les observateurs dans l'idée selon laquelle Yves Michel Fotso et le groupe Fotso seraient victimes d'une cabale ourdie par des mains tapies dans l'ombre.

Y. M. Fotso: la police retire son passeport

Le siège de la police autour de la résidence de l'homme d'affaires camerounais, à Douala, a duré près de quatre jours. Le 5 novembre denier, le chef de la Division régionale de la police judiciaire du Littoral par intérim, Ibrahima Iya, a signé une convocation demandant à Yves Michel Fotso de se présenter hier, 8 novembre 2010 dès 9h dans les services du délégué régional de la sureté nationale du Littoral au quartier administratif de Bonanjo. Lorsqu'il s'est rendu au « rendez-vous » ; son passeport lui a été « gentiment » retiré par le délégué régional de la Sûreté nationale, le commissaire divisionnaire Joachim Mbida Nkili. Contre un reçu. Puis le fils du milliardaire de Mbo a été autorisé à rentrer chez lui. Libre de ses mouvements. Mais seulement à l'intérieur du triangle national. Ne pouvant plus effectuer pour l'instant les voyages à l'internationale sans son passeport, indiquent des sources introduites.

La confiscation de ce document de voyage par la police est l'aboutissement d'un feuilleton qui a duré plusieurs jours. C'est jeudi matin, 4 novembre 2010 que le délégué régional de la sûreté nationale pour le Littoral, débarque au domicile de l'ancien président du conseil d'administration de la Commercial Bank of Cameroon (Cbc). Pour, dit-il, lui « porter un message verbal ». En plaçant son véhicule de service pour barrer l'entrée principale de la résidence. La famille et les gardes des lieux ont trouvé cette approche bien suspecte et n'ont pas cru du tout à la transmission d'un simple message verbal. Pendant que le patron de la police dans le Littoral, assisté du chef de la division régionale de la police judiciaire du Littoral fait le pied de grue devant le portail, des éléments de la police en civil bouclent le bloc de résidences autour de l'homme d'affaires. La nouvelle va rapidement faire le tour des salles de rédaction. Les journalistes accourent aux nouvelles. Certains vont camper là jusque tard dans la nuit. Yves Michel Fotso n'est toujours pas interpellé. Et son passeport n'est pas récupéré. Le lendemain, vendredi, les éléments de la police en civil n'ont toujours pas levé leur siège. Il faut attendre samedi 6 novembre, le jour anniversaire de l'accession de Paul Biya à la magistrature suprême, pour servir la convocation à son domicile. Manifestement, les choses ont commencé à se faire plus claires dans l'esprit de l'homme d'affaires. C'est pourquoi, il envisage de sortir pour effectuer une course dans la ville. Mais grande surprise. Il est intercepté par des policiers qui lui demandent de se faire identifier. Sans hésitation, il leur présente son permis de conduire. Il semble, à en croire des indiscrétions, que les flics ont réagi en insistant qu'ils voulaient l'identifier plutôt à partir de son passeport. Sinon, il les suit à la division régionale de la police judiciaire. Yves Michel Fotso leur aurait rétorqué qu'il n'a point besoin de se faire identifié absolument par le passeport, à partir du moment où il circule à l'intérieur de son propre pays. Il leur explique en plus que leur service vient d'ailleurs de lui servir il y a quelques heures seulement une convocation qui l'enjoint de se présenter le lundi chez leur patron. Et qu'il ne voit pas en quoi il peut être encore l'objet d'une telle sollicitation de la police entre temps. Encore moins se rendre à la police judiciaire. Quelques éclats de voix. De la résistance aussi. Et les policiers prennent des instructions au téléphone, vraisemblablement au chef qui les a commissionnés. Ils se confondent en excuses. Et le laissent continuer son chemin.

Il faut révéler que depuis quelques semaines, Yves Michel Fotso est en négociation avec des partenaires intéressés par la reprise par son groupe de la Commecial Bank of Cameroon (Cbc) dont il était encore il y a quelques mois président du Conseil d'administration. Mais qui a été mise sous administration provisoire par la Commission bancaire d'Afrique centrale (Cobac). Et ces derniers temps, il devait effectuer plusieurs va et vient entre le Cameroun et l'étranger pour finaliser ces négociations. Est-ce un hasard que son passeport lui soit retiré à ce moment précis où il en a le plus besoin?

Dans sa chronique d'hier à Equinoxe télévision, Jean Vincent Tchienehom résume bien la situation kafkaïenne que vit l'ancien administrateur directeur général de la défunte compagnie de navigation aérienne du Cameroun : « pourquoi un tel acharnement contre un individu de surcroît homme d'affaires à la tête d'un grand groupe pourvoyeur de milliers d'emplois à de nombreux camerounais et contributeur important aux ressources fiscale de l'Etat ? Le gouvernement pense t-il véritablement que c'est en criminalisant comme cela un capitaine d'industrie qu'il peut inciter les investisseurs étrangers et nationaux à parier sur le Cameroun où au climat d'affaires déjà détestable s'ajoute dans le cas qui nous concerne une flagrante violation des droits de l'homme? Pourquoi ne pas se prononcer sur les différents plans de restructuration de la Cbc proposés par monsieur Fotso au lieu de l'intimider, en lui faisant comprendre qu'il devrait renoncer gentiment à l'œuvre de sa vie » Et le chroniquer de conclure : « on notera au passage que le groupe Fotso est en train de se démanteler. Sans doute fatigué par ce harcèlement permanent, son propriétaire se débarrasse l'un après l'autre des fleurons des rares groupes industriels que le Cameroun connait. Et cela ne dit rien au gouvernement. C'est triste ! C'est pitoyable ».

On se rappelle que le 28 avril 2008, la police avait ainsi bouclé la même résidence de Yves Michel Fotso dès 5 h du matin. Lorsqu'il est sorti vers 9h pour aller présider le conseil d'administration de la Cbc, un impressionnant détachement de la police est resté autour de l'immeuble siège de l'établissement financier, jusqu'en fin d'après midi, pour lui servir simplement une convocation. Quand deux jours plus tard il a déféré à ladite convocation à la Direction de la police judicaire à Yaoundé, son passeport a été confisqué. Il ne lui a été restitué que 17 mois plus tard. Sans explication officielle. C'est comme si l'histoire se répétait. Des indiscrétions indiquent que l'affaire dont on peine encore à savoir quel est le véritable commanditaire, attend le retour du président de la République qui est en Suisse depuis qu'il est allé prendre part au sommet de l'Organisation internationale de la Francophonie (Oif) il y a bientôt trois semaines.

AFFAIRE (ALBATROS) YVES MICHEL FOTSO: SOUCIS DE VÉRITÉ OU TÉMOIGNAGE DE MANQUE DE VISION DE DÉVELOPPEMENT DU RÉGIME BIYA ?

Avec la corruption grandissante et galopante au Cameroun et tous les maux que cela a entraîné jusqu'à ce jour, les Camerounais ont vu en l'opération épervier une action salutaire devrant permettre non seulement de recouvrer les importantes sommes détournées mais aussi et surtout de redonner confiance en la chose publique et relancer le développement du Pays. 6 ans après le lancement de l'opération épervier, les Camerounais continuent à s'interroger sur les opportunités et retombées de cette vaste opération dite d'assainissement.Opération épervier et Affaire Albatros... Lancée en 2004 sous la houlette du Premier ministre Ephraïm Inoni avec la pression des bailleurs de fond, l'opération épervier a connu jusqu'à ce jour de nombreuses arrestations de hauts commis de l'Etat.

De nombreuses personnes notamment Mounchipou Seidou, Pierre Désiré Engo, Michel Thierry Atangana Abega, Emmanuel Ondo Ndong, Gilles Roger Belinga, Joseph Edou, Alphonse Siyam Siwé, Edouard Nathanaël Etondè Ekoto qui jadis étaient considérées comme des intouchables sont aujourd'hui derrière les verrous. S'il est ingambe pour la finance publique que les dignitaires de ce rang se trouvent à ce niveau, on reste encore sur sa faim sur le recouvrement des sommes spoliées par ces acteurs. On se serait attendu, qu'autant il y a le tapage médiatique autour des arrestations et procès, autant qu'il yen ait sur les recouvrements des fonds ainsi que sur les mécanismes de gestion et de transparence mis désormais en œuvre pour que de telles délinquances ne se reproduisent plus ou tout au moins à un seuil marginal, au plus haut sommet de l'Etat. Jusqu'ici, on a presque rien vu, ce qui laisse très interrogatif !

Au delà des pressions des institutions financières internationales, on se rappelle que l'opération épervier avait été lancée en 2004, après que l'avion présidentiel Albatros lors de son vol inaugural ait eu une panne technique qui a créé un désarroi au Président ainsi qu'à sa famille qui se trouvait à bord de cet aéronef. Aujourd'hui, avec le recul des faits, de nombreux Camerounais sont encore à se demander si la quintessence de ces arrestations ne se trouve pas cachée dans la volonté du chef de l'Etat de punir tous ceux qui, de près ou de loin lui ont créé une frénésie à travers cette action.

Yves Michel Fotso, Camair et Affaire Albatros

Pendant son passage à la tête de la Camair (2001-2003), M. Yves Michel Fotso a eu mandat d'effectuer l'achat d'un jet privé pour les services du chef de l'Etat. De nombreuses sources confirment qu'il a pendant cet exercice commandé à travers la société GIA un jet neuf à hauteur de 72 milliards de dollars et effectué une avance sous forme de caution remboursable de 31 milliards de dollars. L'avion en question aurait été fabriqué et même réceptionné virtuellement par le gouvernement mais pour des raisons seulement connues par ceux qui dirigeaient ce dossier au plus haut niveau de l'Etat, cet avion aurait été remplacé au moment de sa livraison par le fameux avion Albatros. Si la majorité des Camerounais reconnaissent en cela une affaire foireuse, comment pour une question aussi sensible qui a créé une hantise au Président et à sa famille, on n'arrive pas après 6 ans à établir les responsabilités des uns et des autres et de condamner définitivement les coupables comme on l'a fait pour d'autres dossiers. Comment les gestionnaires en charge de ce dossier expliquent-ils les retraits de passeport à grand renfort médiatique sans qu'aucune issue ne soit donnée après et qu'on se plait à parler assez souvent de rebondissement? Si nul n'est au dessus de la loi et que chaque citoyen passible de détournement de dernier public devrait rendre compte, il reste que l'Etat a la responsabilité de gérer des dossiers avec intégrité et célérité pour assurer la prospérité du pays. M. Yves Fotso est parmi les principaux hommes d'affaire de notre pays et le condamner s'il était coupable (faudra bien le prouver) ou le disculper définitivement pour vaquer de façon libre à ses occupations serait bénéfique pour notre Pays qui a plus que jamais besoin des initiatives privées pour sa relance. L'Etat a en outre la mission de garantir l'épanouissement et la prospérité de ses citoyens et du Pays. Comment peut-on expliquer la relance de ce dossier au moment des grandes échéances pour la restructuration de la CBC et où le groupe Fotso est entrain de marquer des pas importants dans la mondialisation de la finance au Cameroun ? Qui paierait les frais des impacts psychologiques et des conséquences financières pour son groupe si sa culpabilité n'était pas en fin de compte établie?

Classement mondial Cameroun pour la corruption

Avec l'opération épervier et le programme de lutte contre la corruption entrepris depuis quelques années par le gouvernement Camerounais, on se serait attendu à un recul de l'indice de pauvreté au Cameroun. Avec une gestion des dossiers avec manque d'intégrité comme c'est encore le cas, il n'est pas étonnant que le classement Transparancy International de l'année 2010 positionne encore le Cameroun parmi les derniers en Afrique avec un indice de 2,3.

Développement du Cameroun

Le développement du Cameroun doit passer par l'assainissement de l'environnement des affaires à travers une lutte véritable contre la corruption avec une volonté réelle et une plus grande intégrité, au delà de la création des institutions. Ainsi, nous devons apprendre dans notre pays de faire la promotion de bons exemples plutôt que de les martyriser pour que chaque fils de ce Pays grandisse avec des idées qu'avec des efforts honnêtes, on peut arriver à la prospérité.

Adrien Djomo

LETTRE OUVERTE DE SOUTIEN A M. YVES MICHEL FOTSO, ET D'APPEL AU VICE-PM, MINISTRE EN CHARGE DE LA JUSTICE

J'ai sombré dans la désolation lorsque, la semaine dernière j'ai pris connaissance de votre lettre ouverte au Vice-Premier Ministre, Ministre en charge de la justice M. Amadou Ali parce que j'ai compris vos états d'âme et crains pour votre santé. M. Yves Michel Fotso, je vous sais innocent dans cette affaire et je crois en votre bonne foi; C'est pourquoi je tiens à vous apporter mon soutien comme bon nombre de Camerounais éparpillés dans le monde entier. Je vous demande aussi par ailleurs de décharger ce problème entre les mains de Dieu notre père comme il le dit dans 1 pierre 5 :7, car sa gloire siège aussi au milieu des personnes opprimées et faites davantage confiance à notre système judiciaire comme c'est le cas actuellement.

J'espère de tout cœur que lumière sera faite dans cette affaire, et que vous pourrez reprendre les commandes de vos occupations afin de lever encore plus haut les couleurs du Cameroun dans le domaine de la finance.

Je ne peux malheureusement vous aider, et je n'aurai pas hésité si je le pouvais mais qu'à cela ne tienne, sachez que vous avez le soutien et la compassion de tous les Camerounais qui croient en vous dans cette affaire.

Tenez bon et soyez très fort M. Yves Michel Fotso

Entre autre, je me tourne cette fois vers vous, son Excellence, Monsieur le Vice-Premier, à qui je fais un appel en renouvelant les propos et le cri de cœur que vous a envoyés M. Fotso Yves Michel, tout en me joignant aux correspondances de M. Shanda Tonme président de la commission indépendante contre la corruption et la discrimination (COMICODI), et du citoyen Adrien Djomo; Car nous pensons qu'il est propre dans cette affaire et sa chute ne fera pas que des heureux mais aussi aura un Impact sur l'économie Camerounaise.

J'ose croire Monsieur le Vice-Premier Ministre, que votre sens de l'objectivité et de la droiture dont témoigne votre entourage ne laisserons pas la haine prendre le dessus sur l'amour, le mensonge sur la vérité et la l'injustice sur la justice.

Tout en espérant que mon appel attirera votre attention, je vous prie Excellence, Monsieur le Vice-Premier Ministre de croire en l'expression de ma forte considération.

Trésor F Pélap

Brualité policière à Yaoundé sur les journalistes et hommes des médias après l'arrestation de Yves Michel.

Récit d'une arrestation en quatre actes.

Premier acte : une interpellation discrète. Des sources concordantes indiquent que des hauts gradés de la police du Littoral et quelques policiers en civil se sont présentés au domicile du président du conseil d'administration de la Commercial Bank of Cameroon hier, il était un peu plus de 13h. Ils auraient demandé à voir le propriétaire des lieux. Ils se seraient dans un premier temps heurtés au refus des gardiens. Ils auraient soutenu que leur patron est certes présent, mais il ne peut les recevoir parce que souffrant.

Après quelques minutes d'échanges verbaux, Yves-Michel Fotso aurait donné son accord pour rencontrer les policiers. Rien n'a encore filtré de ce qu'ils se sont dit. Mais, le fils du milliardaire les aurait suivis sans opposer une quelconque résistance. Il s'est engouffré dans l'une des deux voitures de police, un pick-up bleu marine, immatriculé SN 4967. Une autre voiture, petite, une Toyota de même couleur, immatriculée SN 4243, s'est mise à l'avant et le cortège a quitté l'imposante demeure de Yves-Michel Fotso, à Bali. Les deux voitures, appartenant au commissariat spécial de l'aéroport international de Douala n'iront pas à Bonanjo, comme certains employés de la maison le pensent. Elles vont prendre l'axe lourd. Direction Yaoundé.

Le cortège sera aperçu, roulant tombeau ouvert au péage d'Edéa. Il traversera presqu'à la même vitesse Ahala, à l'entrée de Yaoundé, avant de s'immobiliser dans les locaux de la division régionale de la police judiciaire pour le Centre, dans la capitale du pays.

Deuxième acte : la police judiciaire, à Yaoundé. Quartier Elig Essono, 16 h. La circulation est interrompue. Les éléments de la police et des Equipes spéciales d'intervention (Esir) lourdement armés, stoppent la circulation. Les tenants de petits commerces aux alentours du siège de la police judiciaire sont déguerpis avec force. Un policier crie : « Dégagez, dégagez et que personne ne photographie ! » Les tenanciers de call- box et d'autres vendeurs ambulants courent dans tous les sens, à la recherche d'un abri. Certains y vont même en rampant tout en se couvrant la tête. Des curieux massés dans un débit de boisson situé juste en face de la police judiciaire, observent, muets, le déploiement de la police. Un infortuné sort son appareil photo, mais se voit rapidement interpellé par un policier qui le lui arrache en lui flanquant une gifle et l'emmène par le col au commissariat.

C'est par un crissement de pneus qu'une berline de couleur bleue, immatriculée SN 4243, sur laquelle on aperçoit en gros caractères commissariat spécial de l'aéroport international de Douala, s'arrête devant la commissariat, suivie de très près par un pick-up du Groupement spécial des opérations (Gso). Trois individus armés, vêtus en tenue du Gso descendent du véhicule.

C'est un Yves-Michel Fotso vêtu d'un tee-shirt blanc et d'un pantalon bleu foncé qui descend du véhicule. A première vue, il est presque maigrelet. Un soldat s'empresse d'envelopper son visage d'un foulard blanc et d'une veste carrelée de couleur rouge qui lui est jetée sur les épaules. Toujours sous forte escorte, il gagne les locaux de la police judiciaire et les portes se referment après lui. Quelques instants après ces images, la circulation est rétablie. Les commentaires alimentent les petits groupes qui se forment, certains affirment à voix basse : « C'est Yves-Michel Fotso, mais je suis un peu confus. Il paraît plus mince », affirme un curieux. Les hommes des médias déjà présents sur les lieux se livrent aux commentaires et recoupent des informations. Un journaliste qui prend des notes est fortement giflé et son cahier de reportage confisqué par un groupe de policiers. Sa carte d'identité est retenue, ainsi que celle d'un journaliste de Cameroon Tribune. Ils sont tous deux conduits à la direction de la police judiciaire.

Troisième acte : palais de justice de Yaoundé. Le cortège constitué de trois véhicules de la police y arrive en début de soirée. Et repart à 21h17. Entre temps, des membres de la famille et les hommes de médias font le pied de grue.

Quatrième acte : prison centrale de Yaoundé. A l'approche de 22h, des membres de la famille d'Yves-Michel Fotso arrivent à Kondengui. L'ancien patron de la défunte Camair se trouve déjà à l'intérieur du pénitencier. Après de longues minutes d'attente, un petit groupe se dirige vers un gardien de prison en faction, sans doute pour s'enquérir de la situation. Quelques mots échangés et les proches de l'affaire sortent un matelas, une grande couverture et des sacs dont on ignore le contenu.

Il faut se rendre à l'évidence : le séjour d'Yves-Michel Fotso à la « onzième province » de Yaoundé vient de débuter.

Yves-Michel Fotso en état d`arrestation

L'ancien directeur général de la Cameroon Airlines, Yves-Michel Fotso, a été interpellé par la police camerounaise le 1er décembre. Aucune procédure judiciaire à son encontre n'est pour l'heure rendue publique. Plusieurs fois entendu par la police, il n'avait jamais été mis en garde à vue. Ce 1er décembre, selon des sources policières,le Camerounais Yves-Michel Fotso, le fils de l'industriel camerounais Victor Fotso, aurait été interpellé à Douala et conduit sous bonne escorte vers le siège de la police judiciaire à Yaoundé. L'ancien directeur général de la compagnie aérienne nationale Cameroon airlines (de juin 2000 à novembre 2003), avait déjà été auditionné par la police dans le cadre de l'affaire « Albatros », relative à des soupçons de détournement portant sur l'achat d'un avion présidentiel. Ce scandale a déjà conduit en prison des personnalités telles que l'ex-secrétaire général de la présidence, Jean-Marie Atangana Mebara, et l'ex-ambassadeur du Cameroun à Washington (États-Unis),

Jérôme Mendouga, notamment. « Abus de pouvoir » Fotso, par ailleurs président du conseil d'administration du groupe Commercial Bank, a dû rendre ses passeports à la police des frontières le 8 novembre dernier, alors qu'il s'apprêtait à s'envoler pour Bangui, où il avait rendez-vous avec des investisseurs venus du Golfe. Il a alors écrit au président de la République pour se plaindre de « ce nouvel abus de pouvoir à [son] égard et à cette cabale qui s'apparente à de l'acharnement gratuit et sans fin contre [sa] personne ». En même temps, il a adressé une lettre ouverte au vice-Premier ministre chargé de la Justice Amadou Ali, pour lui « demander de bien vouloir solennellement informer le public de toute action judiciaire qui existerait à ce jour contre [lui] devant les juridictions camerounaises et qui justifierait les torts qu' [il] subi[t] avec toutes les conséquences incalculables et inimaginables que cela entraîne tant sur [sa] santé que dans les affaires du Groupe dont [il] a la charge».

Yves-Michel Fotso incarcéré à la prison de Kondengui

.

Le juge d'instruction a placé l'ex-Adg de la Camair en détention provisoire hier soir. Mercredi 1er décembre 2010. Direction de la Police judiciaire à Yaoundé (Dpj), il est 16 h 07. Le soleil darde, malgré la chaleur suffocante, la circulation, elle, est encore embouteillée. Un officier de deuxième grade vêtu d`un treillis vert kaki sort sur le perron. I l s`agite, fait de grands gestes, pour rameuter ses hommes éparpillés dans ces parages. Des policiers, jusque là peu visibles, jaillissent comme de nulle part, écoutent respectueusement leur chef, s`engouffrent dans le commissariat, pour en ressortir trois minutes plus tard armés de fusils d`assaut. Ils se positionnent le long du tronçon de la route, entre les lieux dit total Elig-Essono et le carrefour du pont de la gare. 16 h 17, les policiers se reçoivent un ordre de leur chef et bloquent la circulation devant la Dpj. Ils déguerpissent les vendeurs de cigarettes et les call-boxeurs des alentours. Cinq minutes plus tard, 16 h 22, un pick-up de la police s`avance. A son bord, six policiers vêtus de treillis noirs. A peine le véhicule est il stationné, qu`ils jaillissent de la voiture armes au poing. Presque à l`instant, une berline Toyota Corolla immatriculée SN 4243, qui arbore peint sur ses flancs « commissariat spécial de l`aéroport de Dl2 », entre dans le parking. Un policier en sort, s`ensuit un moment de flottement. Un autre policier sort de la Dpj, un blouson rouge dans les mains. A peine arrive t-il à la hauteur du véhicule que les passagers assis sur la banquette arrière sortent de la voiture. L'on aperçoit un homme, vêtu d`un pantalon noir, chaussé de mocassins assortis, vêtu d`un tee-shirt blanc et la tête voilée d`une étoffe blanche, mise exprès pour dissimuler son visage. Il a la tête baissée de force par la main d'un policier, le blouson rouge est ajouté à l'étoffe blanche pour renforcer le camouflage. Presque soulevé de terre par les deux policiers qui ont des bras passés sous ses coudes, il est conduit vers la porte de la Dpj, où ses accompagnateurs et lui s`engouffrent. Les rares curieux se doutent que c`est quelqu`un d`important qui vient d`être emmené. Beaucoup croient que c`est une femme. Mais des indiscrétions des services de la Dpj révèlent l`identité de l`interpellé : « c`est Yves Michel », nous a t-on chuchoté. En fait, il s'agit de Yves-Michel Fotso ex-administrateur provisoire de la Camair. 19h45, la nouvelle du transfert au parquet du tribunal de Yaoundé centre administrative est transmise par des proches de l'ex-Adg. Une quinzaine d'entre eux, dont son épouse, se rendent sur les lieux. L'entrée leur est interdite, ils s'agglutinent devant le parquet, croyant que l'interpellé y est. 20h34, six policiers sortent du parquet et se dirigent d'un pas décidé vers le bureau du juge d'instruction au lieu dit « Guantanamo ». 20h40, une Toyota Hiace immatriculé SN 4290 sort de l'arrière de l'ancien palais présidentiel, elle se dirige à faible allure vers le bureau du juge d'instruction. Les personnes présentes peuvent sans peine reconnaître Yves Michel Fotso.

Son tee-shirt blanc tranche avec l'obscurité ambiante. Il est assis seul, sur la dernière banquette du minibus. Le véhicule à peine garé, Yves Michel fotso, une bouteille d'eau à la main, s'engouffre dans les bureaux du juge d'instruction pour n'en ressortir qu'à 21h17. Il est embarqué dans la Hiace, cette fois encadré d'une dizaine de policiers. La voiture sort à toute vitesse, en direction de la prison centrale de Kondengui. Les proches, jusque là très dignes, s'effondrent quelque peu. Une dame interpelle un magistrat : « Procureur, est ce qu'on peut lui donner les quelques petites affaires que nous lui avons apportées et que le commissaire de police a refusé qu'on lui remette ? », l'interroge-t-elle, avant d'ajouter : « Ce ne sont que des vêtements et des produits pour sa petite toilette ». Douala : Yves-Michel Fotso interpellé par la police judiciaire L'ancien Adg de la Camair a été conduit à Yaoundé à la demande du procureur de la République. Hier mercredi 1er décembre

2010, l'ancien Administrateur directeur général de la Cameroon Airlines, Yves-Michel Fotso, a été interpellé par la police. Autour de 12 heures, il a reçu, à son domicile à Bali, la visite surprise du délégué régional de la Sûreté nationale du Littoral, le commissaire divisionnaire Joachim Mbida Nkili, accompagné du commissaire principal Iya, chef de la division régionale de la Police judiciaire du Littoral. Les deux responsables de la police ont signifié à Yves-Michel Fotso, un mandat d'amener signé du procureur de la République près le Tribunal de grande Instance du Mfoundi. Le Jour a appris que l'ancien Adg de la Camair qui n'a opposé aucune résistance à la police, a proposé d'utiliser son moyen de transport personnel, pour répondre à la convocation judiciaire. Ce à quoi, ses interlocuteurs ont opposé un refus catégorique. En effet, les responsables locaux de la police avaient préalablement apprêté des moyens logistiques et humains pour escorter Yves-Michel Fotso jusqu'à Yaoundé. C'est à bord d'un véhicule banalisé que Fotso a été transporté, sous escorte de quelques éléments de la police judiciaire. « Ils ont pris la route de Yaoundé vers 13 heures 40 minutes », a confié une source à la police judiciaire. La même source qui a eu connaissance des pièces émanant du parquet de Yaoundé a précisé que Yves-Michel Fotso devait être présenté au procureur, pour être auditionné sur des faits présumés de « complicité de détournement des deniers publics », en rapport avec l'affaire de l'avion présidentiel. Malgré toute la discrétion qui entourait l'opération, la nouvelle de l'interpellation de Yves-Michel Fotso a fait le tour de la ville de Douala, comme une traînée de poudre. Le Jour a par ailleurs appris que le domicile de l'ancien Adg de la Camair était placé sous surveillance depuis lundi dernier. Des policiers en civil, appartenant au commissariat spécial de Douala 1er, avaient fait leur lit devant la véranda d'un domicile privé jouxtant le domaine de Yves-Michel Fotso. Hier, dès l'interpellation de Fotso, ils ont quitté les lieux.

Rouleau compresseur : La journée sans repos d'Yves Michel Fotso .

De son domicile à Douala à la prison centrale de Kondengui, l'ancien Adg de la Camair est passé par toutes les émotions.

Il est 21h 15 minutes à Yaoundé. Devant le centre du tribunal administratif de la capitale, une vingtaine de véhicules de grand gabarit sont alignées de chaque côté de la rue. Tantôt au volant, tantôt adossés sur leur véhicule, des amis, des membres de la famille d'Yves Michel Fotso attendent là, les mines décomposées, le sort qui sera réservé à l'homme d'affaires entendu pour l'heure par le juge d'instruction. Par une porte dérobée, une voiture banalisée transporte Yves Michel Fotso qui venait d'être extrait discrètement du bureau du procureur de la République pour celui du juge d'instruction, face au bâtiment abritant les salles d'audience de la Cour Suprême.

L'attente parait longue, le temps que le présumé passe devant le juge d'instruction. Les : pour lequel interrogations fusent parmi les proches du milliardaire de Douala des dossiers serait-il interpellé, entre l'affaire de l'avion présidentiel, la ? Rien ne gestion de la défunte Camair ou celle, relancée récemment, de la Cbc filtre quand subitement, le procureur de la République Belinga traverse la cour au pas de course pour rejoindre le bureau du juge d'instruction Pascal : deux cars Hiace franchissent le couloir, feux Magnanguemabé. Tout se précipite de détresse actionnée. L'épilogue s'annonce. Tous les véhicules de sécurité se ; à 21h 20 mn, la troisième voiture transportant mettent en position de départ Yves Michel Fotso, encarté entre deux policiers, traverse la cour à vive ; le cortège suit avec la même vitesse.

L'épouse de Yves Michel Fotso est là, calme, l'air digne. Elle interpelle le procureur de la République «Mais, monsieur le juge d'instruction a refusé que je : qui regagnait son bureau !», donne des objets de toilettes à mon mari, c'est inadmissible «Allez : s'exclame-t-elle. Le procureur, apparemment surpris, rassure la dame voir le régisseur de prison à Kondengui, avant votre arrivée, je lui aurais prescrit de vous recevoir afin de remettre à votre époux ce qu'il lui faut». Quand elle arrive à la prison, les massifs battants du pénitencier s'étaient déjà refermés derrière Yves Michel Fotso, où il a passé sa première nuit privée de liberté.

Tout a commencé hier en fin de matinée à Douala avec l'interpellation de Yves Michel Fotso et sa mise en route presque immédiate pour Yaoundé. Sur l'axe lourd, des passagers à bord de divers bus, reconnaitront une escorte de deux véhicules du Gso à l'avant, suivis d'une grosse Mercedes appartenant à l'homme d'affaires, et un autre véhicule du Gso fermant le cortège.

C'est à 16h30 un cortège de voitures débarque à la direction de la police judiciaire à Yaoundé. Un pick-up du Groupement spécial des opérations s'immobilise sur le parking de la Pj. A l'intérieur se trouvent plusieurs hommes en armes qui descendent aussitôt pour accueillir une Toyota Corolla immatriculée SN4243 et appartenant à commissariat spécial de l'aéroport de Douala. Et au bord duquel se trouvent cinq personnes.

A l'intérieur de la voiture de police, l'on peut remarquer la présence d'un homme encadré par deux policiers. Il porte sur tête un châle blanc. Ce qui semble insuffisant pour cacher son visage que les policiers ne veulent visiblement pas montrer aux badauds déjà si nombreux à la Pj mais intimidés par le dispositif de sécurité.

Le temps de sortir Yves Michel Fotso de la voiture et de lui emmitoufler la tête par le châle et le grand blouson passablement propre, cinq minutes passe. Le torse baissé, l'ex Adg de la Camair vêtu d'un simple tee-shirt blanc, d'un pantalon noir et des mocassins de week-end est conduit à l'intérieur de la Pj. Et où il lui sera signifié, selon des sources, les faits qui lui sont reprochés.

C'était l'épilogue d'une folle journée qui avait commencé ce mercredi en fin de matinée. A Douala. Quand aux environs de 10 h 30, des éléments de la police arrivent au domicile d'Yves Michel Fotso sis à Bali en face de l'église baptiste.

Discrets, le délégué régional de la police pour le Littoral qu'accompagne le chef de service provincial de la police judiciaire du Littoral demandent à rencontrer le maître des céans. Et dans le souci d'éviter le grabuge qui avait suivi la tentative de retrait de ses passeports en novembre dernier, retrait qui aurait échoué du fait de la forte présence de la presse autour du domicile du fils Fotso lors de la descente des hommes en tenue, ils sont fort polis.

Le majordome de la maison signifie aux policiers que l'ex Adg de la Camair est souffrant. Sur insistance des flics, Yves Michel Fotso se lève et vient à la rencontre de ces hôtes si peu amènes. Au terme d'une brève discussion, il est conduit sous bonne escorte au service provincial de Bonanjo. 0ù les policiers se rendent effectivement qu'il ne se porte pas très bien. N'empêche que les : Yves Michel Fotso doit être amené à Yaoundé. Yves instructions sont claires Michel Fotso s'engouffre de nouveau dans une Corolla Toyota réquisitionnée à l'aéroport de Douala. La voiture est encadrée jusqu'à son arrivée à Yaoundé par deux équipées du Gso que suit discrètement une Mercedes noire avec à son bord, l'épouse d'Yves Michel Fotso.

Une arrestation pour quelle "affaire" ? .

Le manque de communication des autorités judiciaires n'a laissé de place qu'aux supputations.

"Pour quelle affaire est-il donc arrêté?" La question a été plusieurs fois entendue hier au parquet, sans que personne ne puisse avoir une réponse précise. Pas même le conseil de Yves Michel Fotso, Me Mbock, qui avouait son embarras. MAis c'est à la vue du juge Magnanguemabe que certains habitués du palais ont fait le rapprochement avec ce qu'il est convenu d'appeler "l'affaire Albatros", du nom de l'avion présidentiel, affaire pour laquelle l'ancien administrateur directeur général de la défunte compagnie aérienne nationale Cameroon airlines (de juin 2000 à novembre 2003), avait

Déjà été auditionné par la police. Une affaire de l'acquisition d'un Business Boeing Jet (Bbj) par l'entremise de Camair, au profit du président camerounais, Paul Biya. Plus connue sous l'appellation de «l'affaire Albatros», relative à des soupçons de détournement de 15,5 milliards de Fcfa portant sur l'achat dudit avion présidentiel, ce scandale a déjà conduit en prison des personnalités telles que l'ex-secrétaire général de la présidence, Jean-Marie Atangana Mebara, et l'ex-ambassadeur du Cameroun à Washington (États-Unis), Jérôme Mendouga, notamment et le directeur général adjoint du cabinet Apm (lui aussi impliqué dans la dite opération), Rupert Otélé Essomba.

Yves Michel Fotso, par ailleurs ancien président du conseil d'administration de Commercial Bank Of Cameroon (Cbc), placée sous administration provisoire, a dû rendre ses passeports à la police des frontières le 08 novembre 2010, alors qu'il s'apprêtait à s'envoler pour Bangui, où il avait rendez-vous avec des investisseurs venus du Golfe. Il a alors écrit au président de la République, Paul Biya pour se plaindre de ce nouvel abus de pouvoir à son égard et à cette cabale qui s'apparente à de l'acharnement gratuit et sans fin contre sa personne.

Rien à voir donc, a priori avec l'affaire de la Cbc pour laquelle, comme piqué sur le vif, le ministre des Finances (Minfi), Essimi Menye implicitement invoqué dans la correspondance de M. Fotso, s'est ouvert à la presse sur la gestion jugée "irresponsable" du patron du Groupe Fotso. Le Minfi a expliqué que la décision de mettre la Cbc sous administration provisoire relevait d'une décision de la Cobac. Dès lors, le gouvernement a immédiatement engagé le processus de restructuration de la Cbc. Un processus qui devrait aboutir dans les prochains jours à la remise du plan de sauvetage de ladite banque à la Commission Bancaire de l'Afrique Centrale. Cependant, en attendant que ledit document soit effectivement remis à la Cobac, le Minfi a précisé que le rôle de l'Etat est de pousser les débiteurs de la Cbc à solder leurs dettes faute de se voir être traduit en justice.

EPRESSION VIOLENTE D'UNE MANIFESTATION CONTRE L'INCARCERATION DE YVES MICHEL FOTSO

Des manifestants arrêtés par la gendarmerie de Bandjoun puis libérés. "Non à la confiscation de la CBC", "Libérez Yves Michel Fotso", "Paul Biya ne sera plus élu à l'Ouest"...Autant de messages inscrits sur des pancartes que brandissaient les manifestations réunis au marché central de Bandjoun ce 02 décembre 2010 à 10 heures, heure locale. "La manifestation visait selon les organisateurs à sensibiliser les autorités sur l'acharnement du pouvoir en place à nuire au groupe Fotso par "jalousie". Pour les autorités administratives de Bandjoun, il était hors de question de tolérer une manifestation pro Yves Michel Fotso à Bandjoun. Conséquence, une dizaine de manifestants ont été arrêtés par le commandant de la gendarmerie de la ville de Bandjoun puis libérés au bout d'une trentaine de minutes. Selon Kengne Jacques, l'un des meneurs de la manifestation, deux manifestants grièvement blessés ont été internés dans une clinique de la ville de Mbou'o.

Selon notre source, les gendarmes et un membre du BIR dépêchés dans la ville de Bandjoun depuis hier soir "ont simplement dit qu'ils ont reçu l'ordre d'empêcher la manifestation et de protégéer les citoyens en cas de dérives"

Hier 1er décembre, Yves-Michel Fotso. Le fils de l'industriel Victor Fotso, a été interpellé à Douala à son domicle sis au quartier Bali et conduit manu militari à Elig Essono le siège de la police judiciaire à Yaoundé.

L'ancien directeur général de la compagnie aérienne nationale Cameroon airlines (de juin 2000 à novembre 2003), avait déjà été auditionné par la police dans le cadre de l'affaire « Albatros », relative à des soupçons de détournement portant sur l'achat d'un avion présidentiel. Ce scandale a déjà conduit en prison des personnalités telles que l'ex-secrétaire général de la présidence, Jean-Marie Atangana Mebara, et

Manifestation à Mbandjoun après l'annonce de l'arrestation de YMF. Comme de coutume, la police et la gendarmerie réagissent avec une extreme violence

l'ex-ambassadeur du Cameroun à Washington (États-Unis), Jérôme Mendouga, notamment.
YM Fotso, par ailleurs président du conseil d'administration du groupe Commercial Bank, a dû rendre ses passeports à la police des frontières le 8 novembre dernier, alors qu'il s'apprêtait à s'envoler pour Bangui, où il avait rendez-vous avec des investisseurs venus du Golfe. Il a alors écrit au président de la République pour se plaindre de « ce nouvel abus de pouvoir à [son] égard et à cette cabale qui s'apparente à de l'acharnement gratuit et sans fin contre [sa] personne ».

En même temps, il a adressé une lettre ouverte au vice-Premier ministre chargé de la Justice Amadou Alï. Pour lui « demander de bien vouloir solennellement informer le public de toute action judiciaire qui existerait à ce jour contre [lui] devant les juridictions camerounaises et qui justifierait les torts qu' [il] subi[t] avec toutes les conséquences incalculables et inimaginables que cela entraîne tant sur [sa] santé que dans les affaires du groupe dont [il] a la charge».

Des manifestations pour demander la libération "immédiate de Yves Michel Fotso sont prévues à Douala et dans plusieurs autres localités du Cameroun dans les jours à venir. Nous y serons..

AU PAYS DE PAUL BIYA, LA REACTION DE CCL-LIBERATION A L'INTERPELLATION D'YVES MICHEL FOTSO

C'est avec profonde amertume et regret que CCL-LIBERATION a appris l'interpellation de Mr YVES MICHEL FOTSO dans des conditions humiliantes au Cameroun. Compte tenu des éléments en notre possession concernant cette affaire, nous voulons que le peuple camerounais tout entier sache qu'il s'agit d'une manipulation orchestrée par le réseau de Monsieur AMADOU ALI dont Messieurs FRANCIS NANA, PAUL FOKAM KEMOGNE (Afriland First Bank), Thomas Dakayi kamga, Essimi Menye n'en sont que des marionnettes.A cet effet, CCL-LIBERATION demande à Monsieur AMADOU ALI, la libération immédiate et inconditionnelle de Monsieur Yves Michel FOTSO.

CCL-LIBERATION, demande également aux forces vives de la nation de se préparer à la résistance, et surtout de se tenir prêt à balayer de notre pays cette gérontocratie budgétivore de Yaoundé.

Notre peuple est en guerre contre la dictature, la famine, le chômage, l'insécurité, les maladies diverses...Notre économie est gravement affaiblie, conséquence de la gabegie orchestrée par l'oligarchie dirigeante en place, mais aussi de notre échec collectif à faire des choix difficiles et à préparer notre peuple à une ère nouvelle.

Le temps est venu pour nous, de préférer l'espoir à la peur, la volonté d'agir en commun au conflit et à la discorde. Le temps est venu pour nous, de réaffirmer la force de notre caractère, de nous engager pour notre liberté. Nous devons proclamer la fin des doléances mesquines du RDPC, la fin des récriminations qui ont trop longtemps étouffé notre existence et notre vie politique.

Par le passé, des hommes et des femmes de notre peuple se sont battus, se sont sacrifiés pour nous offrir un minimum de liberté parce qu'ils voyaient en notre pays quelque chose de plus grand que la somme de leurs ambitions personnelles, quelque chose de plus grand que la somme de toute leurs différences.

C'est cette voie que nous devons poursuivre aujourd'hui. Nos capacités demeurent intactes, mais il est temps d'en finir avec l'injustice, la dictature, la pauvreté…

A partir d'aujourd'hui, nous devons nous relever, nous épousseter et reprendre la tâche de la refondation de notre pays. Nous disons à ceux qui ont choisi la violence d'Etat comme mode de gouvernement en créant la terreur et en massacrant notre peuple : Nous vous vaincrons.

le renouveau national est passé maitre dans l'art de gouverner par des discours pompeux, et mensonges pondus par une élite intellectuelle dont certains des membres influents ont choisi d' être des conseillers du prince au détriment du bien- être du peuple camerounais.Ce sont des intellectuels corrompus et démissionnaires de leur rôle d'éveilleurs des consciences. Ils ont préféré la voie égoïste de la facilité personnelle à celle du combat citoyen pour le salut de notre peuple. C'est pourquoi nous disons à nos compatriotes : Vous êtes la seule force capable de sortir notre nation de cette longue obscurité politique. Vous êtes du nord, du sud, de l'est , du littoral, du centre ou de l'ouest, vous êtes las de la division, du pillage systématique, de la brutalité policière et de la désinvolture qui ont conduit à assombrir notre pays, vous êtes conscients que l'on peut manifester son déplaisir sans se montrer déplaisant, alors, soyez assurés, que si nous mobilisons nos voix pour défier le régime policier de YAOUNDE qui encombre notre chemin , pour exiger quelque chose de meilleur, alors , aucun problème ne nous demeurera insoluble, aucun destin irréalisable, Car comme l'a dit le prophète ISAIE, "toute vallée sera comblée, toute montagne et toute colline abaissée. Tous les lieux accidentés seront changé en plaine et les escarpements en large vallée".Forts de cette foi, nous pourrons transformer les stridentes discordes de notre nation en une merveilleuse symphonie de fraternité. Certes la route est longue, mais, rappelons-nous sans cesse que quels que soient les obstacles qui se dresseront sur notre chemin, rien ne peut résister au pouvoir de millions de gens qui réclament la liberté.

Alors, gardez toujours à l'esprit que nous ne sommes pas aussi divisés que nos dirigeants nous le laissent croire, que nous sommes un seul peuple, une seule nation et que c'est ensemble nous entamerons le prochain grand chapitre de l'histoire de notre pays.

GERMANY

Nous soutenons une fois de plus que ces gens veulent détruire Yves Michel par pur jalousie. On vera bien.

Vendredi 03-12-2010 01:04:26

LEMâLE

BELGIUM

Donc si je comprends bien c'est que Fotso est en prison pour n'avoir pas honoré sous la huitaine !!!! paaaaaapaaaa !!!!

Vendredi 03-12-2010 01:17:06

OTTOBAH CUGOANOC'est hallucinant!

CHE GEVARAPourquoi veulent-ils détruire YMF et le groupe FOTSO: Fotso a gagné un procès contre le dictateur équato-guinéen qu'il étais supposé dédommagé, cet enfant tabard a refusé de verser le moindre sous et a jurer descendre par tous les moyens le groupe FOTSO à travers ses complices avides d'argent tapis au COBAC et dans le régime de Yaoundé (ESIMI en est un qui a reçu sa part de millions pour le sale boulot).

Depuis le début de l'opération épervier les statistiques crèvent l'œil : presque tous sont d'une région du Cameroun. Les ressortissant de cette région la aimant l'équilibre régionale (quand ils se sentent perdant sur un terrain) manifestent depuis longtemps leur désir de voir des b@ms aussi en prison, avec ou sans preuve.

Vendredi 03-12-2010 02:19:41

OYONO TSAMAJ'invite les compatriotes à bien observer comment la mafia de l'État du Cameroun, sous les ordres du colon est en train de faire main basse sur la banque d'un camerounais. L'arrestation d'YMF n'est que l'aspect théâtral de l'arnaque. Le but ultime de toute la manœuvre est de volé ou étouffer la banque de Fotso, alors que partout ailleurs les autres gouvernements du monde protègent les biens de leurs citoyens. Observez-les faire, du jamais vu!

Vendredi 03-12-2010 02:20:18

CANADA

@LEBATISSEURLes bethis n'ont rien fait, c'est un groupe de parasites qui a pris le Cameroun en otage depuis 3 décennies, au nom d'une thribu dont la quasi totalité des ressortissants sont des victimes comme toi, même s'ils l'ignorent. Pour rappel YMF a accepté dirigé la CAMAIR parce qu'il avait l'intension de la redresser et de l'acheter. Sauf qu'il a croisé le chemin de ces mafieux qui s'y sont opposés radicalement et ont préferé l'éjecter de la DG de la CAMAIR alors qu'elle était encore convalescente; l'entreprise a replongé et a fait definitivement faillite. Leurs armes est de faire croire aux uns que les autres les envient parce que le pouvoir politique appartient à leur thribu. Sauf que la misère la plus aigue se rencontre plutôt chez ceux avec qui ils pretendent partagé les mêmes interêts. Il n'y aura pas de bain de sang au Cameroun à cause de l'affaire YMF mais parce que c'est la seule issue dans un tel contexte, tous les camerounais participeront à cette libération.

Vendredi 03-12-2010 02:39:53

DEBOUT Ne laissez plus le pouvoir de BYA vous influencer et vous dominer. Vous avez les moyens humains et matériels pour chasser ce régime à l'intérieur qu'à l'extérieur du Cameroun, ceci n' importe où et n'importe quand ? Et surtout ne pardonnez pas ce régime s'ils mettent Fotso fils en prison. Tout le monde sait que ce n'ait qu'un coup monté par BYA et sa tribu pour détruire Fotso fils alors qu'on sait que ce monsieur est un homme riche qui a fait 100 fois plus que ce que BYA a fait en 28 ans pour son peuple. Voila un brave patriote camerounais que le régime veut détruire tout simplement parce qu'il est Un BAAM qui veut faire prospérer le Cameroun, un homme capable de changement et capable défier les banques étrangères au Cameroun au niveau de la finance. S'il voulait quitter le Cameroun il serait parti depuis mais ça ne fut pas le cas par ce qu'il n'a rien à se reprocher. EN METTANT FOTSO FILS EN PRISON C'EST UNE DECLARATION DE GUERRE QUE BYA VIENS DE LANCE AU PEUPLE

Vendredi 03-12-2010 04:00:58….

ANTI_ETOO

UNITED STATES

Merde, donc, il a dormi là-bas!
Vendredi 03-12-2010 04:25:45

CANADA

Nul de nous ne connait si il est coupable ou pas car on ne connait même pas son chef d'accusation. Mais en se basant juste sur la facon dont les enquetes et les multiples sorties erronées du ministre des finances ont fendu les medias, il y a lui de se poser des questions ! Mais, allons plus loin en parlant de la bonne foie de ceux-là même qui mènent ces enquettes: -Amadou Ali :corrompu et corrupteur qui a avoué lui même sur la CRTV (cameroon radio and television) avoir a son domicile un tracteur qui etait destiné aux agriculteurs pauvres du pays. -Essimi Menye: Détourneur de fond de haut rang. Interdit d'entrée aux USA par les autorités Américaines pour une affaire de virement de 3milliards de nos francs avec l'ancien ministre de la défense soit disant pour l'achat de l'hélicoptère pour l'armée camerounaise. Vous pouvez conclure

UNITED STATES

Quand au cameroun, des imposteurs se substituent aux institutions! Voila Essimi menye qui devient le régulateur des banques! Que paul Biya est Dieu! Que Ahmadou Ali est le procureur général du gouvernement; un gestionnaire de crédit lui même sans aucune supervisionQue Marafat est l'administrateur tout puissant. Tous complotent pour gérer l'économie; voler au groupe Fotso , la banque, Y extraire des finances pour la campagne électorale; etc. Que Paul Biya sache que nous avons le droit de savoir pourquoi il veut voler tout une banque!

GERMANY

trop c est trop vous avez rendu le pays en ppte; instaure le thribalisme a outrance; et vous volez le soutien du reste du peuple parce ke des gens vous diesent kils ont rsa le bol. vous continiez a thribalisez en parlant des bahms. nessa ka biya a aterri a douala et est alle en voiture sur yaounde par edea. les bahms avec le famla se transforme en populatio d edea pour le huer nessa. continuez et vous verez. on se battra pour le liberer notre pays mm s il faut ke nous mourrons tous pour cela. la aumoins l histoire retiendra kun peuple s est souleve pour dire non a des truants egoistes paresseux et thribalistes enemie du progres africain et du cameroun en particulier.
Vendredi 03-12-2010 08:59:34

Dr. Jean-Claude Shanda Tonme
Diplomate de Carrière
Juriste Consulte International
Directeur Exécutif du Centre Africain de Politique Internationale
Directeur du Cabinet International de Conseil et d'Arbitrage,
Président de la Commission Indépendante contre la Corruption et la Discrimination.

Yaoundé, le 27 Décembre 2010

LETTRE OUVERTE A MONSIEUR ESSIMI MENYE
MINISTRE DES FINANCES DE LA REPUBLIQUE DU CAMEROUN

A PROPOS DE YVES MICHEL FOTSO

JE VOUS ACCUSE

Monsieur le Ministre,

L'histoire de l'humanité, est une histoire d'hommes et de femmes qui ont su se lever, braver les vents contraires, transcender la peur, surmonter la faim, la prison et des privations infinies, pour dire la vérité, pour sauver la société, pour faire avancer les grandes causes et faire baliser les chemins de la lumière. En effet le monde ne serait que champ de ruine, terre de lâches et de traitres indignes, si des entrailles des communautés organisées et diverses, n'émergeaient pas à des moments précis, les sons de la rédemption salutaire et de la sauvegarde de la mémoire collective. Il n'y a pas d'âge pour cette entreprise, ni de formalité exceptionnelle. L'écrivain Emile Zola fit bouleversa son temps en disant sa part de vérité sur le sort du capitaine Dreyfus avec son célèbre écrit « J'accuse ». Le jeune Guy Mocquet à seulement seize ans, offrit à son pays, l'exemple du courage, de l'abnégation, du sacrifice et de l'engagement républicain.

Ce témoignage du temps et de la sociologie du comportement humain, invite plus que jamais, la gente libre et instruite de chez nous, à faire preuve d'alerte dans la démarche, et de permanence dans la loyauté envers à la fois les valeurs qui fondent la solidité de notre cohésion nationale, et les exigences de restitution honnête des faits, des actes, et des événements du vécus quotidien. Il en va tout autant de notre santé mentale au présent et de la cohérence de l'éducation de nos enfants, que de la stabilité des institutions que nous servons ou représentons à divers titres et à divers niveaux, et qui de toute évidence encadrent notre destin.

J'en fais donc, pour moi-même, un appel pressant, car placé au cœur d'une lourde intrigue, dont la clarification de quelques repères, est devenue vitale pour la sérénité d'une opinion nationale profondément troublée, divisée, perturbée et sans doute un peu perdue.

Je me considère comme le meilleur élu pour une telle mission, concernant le cas d'un citoyen récemment privé de liberté, et dont par le lien de la terre, le lien de la langue et de la coutume, le lien d'amitié et de travail, j'ai le mérite de connaître la vraie stature morale, familiale, intellectuelle et professionnelle.

Monsieur le Ministre,

Depuis le 1er Décembre 2010, monsieur Yves Michel Fotso, patron de plusieurs sociétés et par ailleurs promoteur du Groupe Commercial Bank, l'un des fleurons financiers de la sous région, est en détention à la prison centrale de Yaoundé.

Monsieur Yves Michel Fotso n'est pas un citoyen extraordinaire et il demeure un justiciable comme tout autre. Je ne m'offusque donc point qu'il soit interpellé pour répondre de toutes accusations devant la justice de notre pays. J'ai appris à travers la presse, qu'il serait mis en cause dans une affaire de [illegible] ou de détournement de deniers publics.

Pourtant, bien qu'étant rassuré sur l'existence d'un dossier justifiant sa détention, les conditions de son interpellation ce 1er décembre 2010, de son domicile de Douala à 12heures 30 puis son transfert immédiat à Yaoundé jusqu'à sa mise sous mandat de dépôt à 21 heures à la prison centrale de la capitale, me laissent perplexe sur les raisons d'une telle articulation époustouflante. Il y a lieu ici, de croire, légitimement, que d'autres arguments sans rapport avec le dossier évoqué tantôt, ont prévalu dans le changement brutal de son statut d'homme libre à celui de prisonnier.

Je m'en vais donc vous apprendre, si vous l'ignoriez, que diverses sources crédibles de renseignement, accusent Monsieur Yves Michel Fotso tantôt d'arrogance, tantôt d'intelligence avec une certaine diaspora auteur des plaintes contre le Chef de l'Etat à l'étranger. Seules de telles affirmations graves à mon sens, peuvent raisonnablement apporter des repères de compréhension non seulement de la mise en scène, mais surtout du traitement d'urgence auquel nous avons assisté. Quelqu'un, quelque part, a dit quelque chose d'inacceptable au Chef d'Etat sur ce citoyen pourtant d'une loyauté exemplaire à son égard, de sa famille et de son régime.

Votre rôle et votre responsabilité dans ce contexte, sont établis par diverses sources, diverses pratiques, divers actes et déclarations qui repris et dans une synthèse analytique conséquente, laissent peu de place au doute.

2

Monsieur le Ministre,

Je revendique la responsabilité sociale de l'intellectuel averti ayant la possibilité de dire une part de vérité, en étant disposé bien évidemment, à en assumer toutes les conséquences.

Ce qui est en cause, c'est l'urgence qu'il y a à éclairer l'opinion, à traduire dans la plus transparente des restitutions, les paramètres et les facteurs qui ont pu précipiter un homme devenu une véritable bête traquée malgré lui, en prison.

Vous conviendrez avec moi, que si son arrestation avait été à l'ordre du jour dans l'agenda du Chef de l'Etat, celui-ci l'aurait fait exécuter depuis très longtemps. Dans ce contexte, la thèse de faits nouveaux, de preuves nouvelles ou de témoignages nouveaux, ne convainc aucun citoyen capable d'analyses.

C'est, monsieur le Ministre, mon intime conviction qui me guide pour vous dire sans détour ni complexe, que vous êtes la pièce maîtresse d'un complot gigantesque dont le but ultime est de détruire complètement monsieur Yves Michel Fotso.

Je vous accuse, monsieur le Ministre, d'avoir calculé, planifié et orchestré, consciemment ou inconsciemment, le processus machiavélique qui a abouti à forcer la main du chef de l'Etat pour décider de l'interpellation et de l'emprisonnement de monsieur Yves Michel Fotso.

Je vous accuse d'avoir paralysé toutes les voies de solution susceptibles d'aboutir à un règlement des différents dossiers qui impliquaient la relance des affaires de Monsieur Fotso, le redressement de sa banque, et son repositionnement financier et commercial non seulement au Cameroun, mais dans toute la sous région et ailleurs sur les marchés financiers de la planète.

Acte 1 : vous avez contribué effectivement, intelligemment et malicieusement, à la mise sous administration provisoire de toutes les unités du Groupe Commercial Bank dans la sous région. Des experts, nombreux, ont longuement démontré que cette mesure n'était pas inévitable et qu'il était possible de procéder autrement. Vous vous êtes précipité sur les ondes, pour déclarer que la famille Fotso n'était plus propriétaire de la CBC, avec une hargne et une démonstration de haine qui a fait croire que vous aviez un problème personnel à régler avec cette famille.

Acte 2 : vous avez, en dépit semble-t-il des instructions, bloqué le payement de la dette de CAMTEL à l'égard de monsieur YMF qui s'élève à 25 milliards de FCFA. Vous avez prétendu et continuez de prétendre que cette dette est contestable, alors même qu'elle résulte d'une transaction régulière validée par toutes les instances organiques de la société. Bien évidement, vous avez refusé de payer, uniquement pour éviter de mettre à la disposition de monsieur YMF, des moyens, de l'argent frais qui lui aurait permit de sauver sa banque tout de suite. C'est clair comme de l'eau de roche.

Acte 3 : La dette de la Guinée équatoriale qui s'élève à 50 milliards et résulte de la condamnation par la Cour commune de justice de la CEMAC. Il est notoire que vous vous êtes employés, avec vos multiples relations dans ce pays que vous connaissez du reste très bien, à empêcher le payement, à décourager tout arrangement, soutenu ici encore, par des comparses internes qui n'ont pas intérêt à voir YMF se relever très vite du précipice vers lequel on le pousse inexorablement.

Acte 4 : En dépit des manifestations d'opposition ouvertes des autres pays de la sous région face aux manœuvres ourdies par la COBAC avec votre concours pour conduire absolument le Groupe CBC vers la faillite et la liquidation, vous n'avez montré aucun soutien pour votre compatriote, pour l'intérêt de la CBC nationale. Vous avez persisté dans l'acharnement, pour mettre la famille Fotso hors course. Vous avez abondamment dit et répété en privé à de nombreuses personnalités vous ayant approché, ce que vous aviez déjà dit en public. YMF n'est pas sérieux ; il serait même un gangster, un détourneur, un voleur, un prisonnier, tantôt ceci, et tantôt cela.

Acte 5 : Lorsqu'après mille supplices, la COBAC consent enfin à entendre YMF après avoir refusé cette éventualité pendant deux ans, il lui est demandé de soumettre au préalable un plan de restructuration aux Commissaires. Le patron de la CBC fournira d'ailleurs trois au lieu d'un seul, c'est-à-dire plusieurs alternatives comprenant même la constitution d'une caution avec son patrimoine personnel. L'audition qui dure trois heures d'horloge, emporte la conviction de l'assistance, au grand dam de certaines personnes noyées dans le complot. Tout ce qui lui est demandé par ses auditeurs agréablement impressionnés, c'est d'aller faire adopter son plan par l'Assemblée des actionnaires et de le soumettre à la COBAC. La seule condition, la seule étape restante à ce moment là, c'est le niveau d'intervention du gouvernement camerounais dans le capital. Or le plan vous est soumis effectivement très vite, avec l'appui du premier ministre camerounais dont les services se mobilisent pour la cause du sauvetage de la banque. Votre rôle est alors de faire vite pour présenter le deal à qui de droit en haut.

Entre temps, pendant que vous traînez volontairement les pieds pour perdre le temps, des partenaires étrangers très crédibles, notamment le Groupe Quatari Islamic Bank, et le Groupe NSIA, font parvenir, grâce aux efforts de YMF, des lettres de manifestation d'intérêt qui sont communiquées à l'Administrateur provisoire, à la COBAC, au Gouvernement. Ces apports préfigurent un développement heureux qui ferait que le gouvernement camerounais ne soit plus obligé d'investir lourdement dans la banque. A ce moment là, l'Etat pouvait juste prendre une participation symbolique de 5 à 7% pour avoir un regard dans la gestion.

Or non seulement vous ne faites rien, mais plus grave, vous complotez avec l'administrateur provisoire pour achever complètement monsieur Fotso. Vous faites deux choses qui vont abattre le promoteur et actionnaire majoritaire de la banque qu'il est.

Premièrement : vous adressez à monsieur Yves Michel Fotso, une correspondance de contestation de sa propriété sur les immeubles que loue la banque. Vous engagez à propos, une procédure judiciaire pleine de surprises avec des arguments qui font froid au dos. Votre intention est de le ruiner, d'arracher tous ses biens après l'avoir mis hors de la banque par tous les moyens.

Deuxièmement : pendant que monsieur YMF lutte encore contre cette procédure judiciaire, vous complotez avec votre obligé, l'Administration provisoire, qui coûte à la banque pas moins de 15 millions de FCA par mois en salaires et autres peccadilles, pour monter une ultime entreprise de calomnie et de diffamation assassine.

Voyons, monsieur YMF soumet trois plans de restructuration, pas de réponse ! Il fait venir des investisseurs sérieux qui veulent entrer dans le capital, pas de réponse ! Vous voulez donc vraiment quoi, sinon sa mort comme il le dira plus tard dans sa lettre ouverte ?

Et pendant que son passeport lui est déjà retiré, il apprend directement par les partenaires choqués et stupéfaits, que l'Administrateur provisoire, qui vous obéit au doigt, a commis tout un émissaire pour aller le salir, leur demander de ne rien faire avec « quelqu'un qui sera bientôt arrêté, qui n'est pas sérieux ».

Il importe encore de rappeler, que lorsque vous engagez la procédure pour contester la propriété des immeubles, il s'inquiète pour ses avions qui constituent la flotte de AIR LEASING et les bloquent au sol, durant une journée. Les ennemis sautent sur l'occasion, pour rédiger des longues notes au Chef de l'Etat encore à l'étranger. Le pauvre patron traqué qui est la victime de toutes les pressions et de toutes les calomnies, est présenté au président de la république auprès duquel il jouit toujours d'une estime, comme un enfant gâté qui en fait à sa tête, un empêcheur de tourner en rond, un farfelu qui voudrait perturber les festivités de l'anniversaire du 6 novembre.

Monsieur le Ministre,

C'est lorsque monsieur Yves Michel Fotso, est mis au courant des démarches de l'émissaire envoyé par vous et vos subordonnées auprès des partenaires, que excédé et profondément troublée, choquée, il s'adresse ouvertement à Son Excellence Monsieur le Vice-premier Ministre chargé de la justice, pour s'enquérir des charges qui pèseraient sur lui et qui justifieraient vos différents propos dans le pays, sur les ondes, hors du pays.

Voilà reconstitué, toute la mécanique qui finit par tracer un cheminement de haut complot, pour pousser YMF à poser des actes qui finalement sont rapportés au Chef de l'Etat, comme étant du désordre, du défi à l'Etat, à son autorité, de l'arrogance.

Les rapports dressés évidemment avec minutie mélangent tout, englobent des tas de calomnies, au point d'arracher la conviction du premier magistrat du pays, sur la nécessité de l'interpellation et la détention de YMF. Les dossiers ne manquent pas, et celui de Tavion est toujours en instance.

Je n'accuse ni le Vice premier Ministre chargé de la Justice, ni le DGSN, ni personne d'autre dans cette affaire, contrairement à une opinion répandue dans la presse. Je vous accuse, d'avoir déployé une haine sans égal, pour amener YMF à craquer, à tomber dans le plus profond et le plus dangereux retranchement qui l'a conduit à poser tel ou tel acte fatidique récent.

Monsieur le Ministre,

L'interpellation et la mise en détention de monsieur Yves Michel Fotso a suscité, nous sommes informés, des scènes de liesse dans certains cercles claniques, politiques et financiers.

Je veux vous dire, combien il est important qu'un ministre de la république soit respecté et combien je vous respecte en tant que Ministre des finances de notre pays. Mais, je faillirai à un impérieux devoir historique, si je ne vous informe pas par la même occasion, que votre acharnement contre Monsieur Yves Michel Fotso a laissé des traces et laissera des traces, des plaies profondes qui auront du mal à cicatriser.

Je vous accuse d'avoir sciemment et violemment mené une politique d'ostracisme à l'égard de monsieur Yves Michel Fotso, guidé simplement par la haine, la jalousie, et des intérêts obscurs. Vos multiples déclarations dans les médias, ont profondément choqué une partie importante de l'opinion nationale et internationale, laquelle est convaincue que vous n'agissez plus en ministre de la république, mais en ennemis juré, promoteurs des intérêts cachés.

Ma conviction d'intellectuel libre, de citoyen soucieux de la paix dans son pays, de père de famille en permanente alerté sur le sort des prochaines générations, me conseillent de vous conseiller, de prendre la peine de vérifier ce que votre politique a occasionné dans l'ouest du pays. Je ne crois pas que vous avez aidé le Chef de l'Etat en cultivant les situations désagréables et vexantes qui ont conduit monsieur YMF en prison. Je ne crois pas que vous avez eu le souci de faire la différence entre un producteur de richesses et de ressources de cette hauteur, avec un banal agent de l'Etat accusé de malversations. Je me demande si vous avez mesuré ce que cela peut représenter, de traiter monsieur Yves Michel Fotso, de truands, de tous les noms inacceptables. Ce n'est pas un fonctionnaire devenu riche en faisant des marchés fictifs de l'Etat ou se livrant à des trafics sales. C'est un capitaine d'industrie formé à la meilleure école qui a crée des entreprises et prolonger une tradition familiale de travail, de sagesse et de loyauté à l'égard des partenaires et des collaborateurs.

Monsieur le Ministre,

Je vous accuse, et je suis d'autant plus fondé à le faire, que les preuves s'accumulent sur l'interférence voire la place centrale de la volonté de détruire la CBC, dans le sort de monsieur Yves Michel Fotso aujourd'hui. La justice fera certes son travail pour ce qui est des chefs d'accusation de détournement ou de tentative de détournement des fonds publics dans le cadre du dossier de l'achat d'un avion présidentiel, et le mis en cause pourra et saura enfin se défendre ouvertement, promptement, entièrement et publiquement. Il n'attend d'ailleurs que cette occasion. Mais il demeure incontestable que sans votre acharnement calculé, financé et exécuté par diverses sources et nombreux moyens, son statut eut été différent et je n'aurais jamais pris l'initiative de formuler les présentes lignes.

Il est urgent de laver l'honneur et la dignité d'un riche, vertueux, talentueux, et rayonnant capitaine d'industrie qui pressé et enchanté de servir son pays, a été entraîné à son corps défendant, dans une véritable marre aux crabes impitoyable dont il ne maîtrisait ni les ficelles des intrigues infâmes, ni la multipolarité complexe des centres de décision fluctuants.

Yves Michel Fotso n'avait ni besoin de la défunte CAMAIR pour faire fortune, ni besoin de l'accointance de quelques hauts fonctionnaires pour avoir un nom et bâtir une réputation. Il est devenu leur otage et paye aujourd'hui un prix élevé fixé par les mêmes hauts fonctionnaires qui ont tout mis en œuvre pour le présenter comme un bad boy, et convaincre le Chef de l'Etat de l'envoyer en prison de façon expéditive.

Dans la foulée, je tiens à vous rappeler, que monsieur Yves Michel Fotso n'a pas été limogé de ses fonctions à la tête de la CAMAIR pour des fautes de gestion, mais plutôt pour avoir refusé de faire voler les avions sans couverture d'assurance. Cette vérité est aussi importante pour tout le monde.

L'autre vérité c'est que ni monsieur Yves Michel Fotso, ni son Père, ni personne de sa famille proche ou lointaine, n'a posé un acte au cours des deux dernières décennies, susceptible de contrarier la politique du Président Paul Biya. Je dois vous révéler à ce propos qu'à l'ouest du Cameroun dont je suis le fils, la famille Fotso a payé un prix fort et paye encore un prix fort pour son soutien ouvert, confiant, total, et qualitatif au Chef de l'Etat.

L'ironie veut que la plaisanterie la plus répandue chez les Bamilékés aujourd'hui, c'est que : « le père Victor Fotso a tellement aimé son ami le président Paul Biya, qu'il lui a donné son fils en sacrifice. Monsieur Yves Michel Fotso s'est tellement mis au service du président, de sa famille et de son fils, qu'il ne soupçonnait pas d'être sacrifié au bout du chemin ».

Que des élites Bamilékés opportunistes, pressés de se conforter dans différents postes ministériels se soient permit de vouloir monnayer auprès du patriarche Fotso, la liberté de son fils contre l'abandon de toute propriété sur la banque, procède de la traîtrise et de la lâcheté pure et simple. Cette démarche révèle au passage, la dimension prise par la restructuration de la banque, dans le destin personnel de Yves Michel Fotso.

Monsieur le Ministre,

J'ai pris la précaution de rappeler, combien je porte un respect sans équivoque aux institutions de la république, à ceux qui les incarnent, et par conséquent à votre personnalité et à votre personne. Mais il va sans dire, que m'exprimant de façon libre, pour vous dire la vérité de façon ouverte, et de façon à éclairer une opinion très perturbée par le sort de monsieur Yves Michel Fotso, j'ai clairement fais savoir que j'assume l'entièreté des conséquences éventuelles de mes propos.

Les institutions de notre pays seraient mieux servies, si des citoyens, parvenus à un seuil de respectabilité sociale, par leur notoriété politique, académique ou professionnelle, assumaient la responsabilité de la vérité, en prenant le courage de démarches honnêtes, loyales, et patriotiques.

C'est vous qui avez poussé monsieur Yves Michel Fotso à certaines attitudes de circonstance pourtant légitimes, lesquelles ont été mal interprétées, mal rapportées, volontairement gonflées, dénaturées et grossies, pour construire une décision recherchée et souhaitée du président de la république. Je m'interdis de prendre des pincettes pour le dire, vous le dire, même si mes déclarations devraient faire de moi un autre pensionnaire des pénitenciers.

Vous avez réussi à contenter une petite poignée de gens, mais vous avez surtout réussi à construire la rancœur, le désir de vengeance et la réprobation d'une très grande partie de gens, d'une région entière, d'une communauté sensible qui n'avait nullement besoin de se rappeler quelques actes de marginalisation et de provocation passés, ambiants ou permanents.

Et maintenant !

Prenez donc la CBC, dépecez-là, vendez-là à qui vous voulez. Maintenant que vous êtes seul sur le ring, comme un faux champion face à un adversaire dont les yeux sont bandés et les poignets solidement menottés. L'histoire témoignera et jugera, de même que vous répondrez tôt ou tard de cette formidable, indéfendable et insoutenable forfaiture. Quand on n'a jamais créé ni géré une boutique, c'est compréhensible qu'on ne respecte pas le fruit du dur labeur des bâtisseurs. Mais surtout, lorsque l'on s'est habitué à brimer une communauté non violente, soumise et obéissante, on peut piétiner n'importe lequel de ses symboles. L'histoire est pourtant riche des révoltes des esclaves, des majorités silencieuses qui ont trop longtemps souffert dans leur chair et qui un jour explosent.

Monsieur le Ministre,

J'ai tenu vraiment et franchement à vous le dire, en citoyen mais aussi en frère, et très profondément car n'importe comment, c'est du Cameroun qu'il s'agit, de notre destin national et de nos ambitions de cohésion et de développement. La CBC n'est ni une affaire de Bamilékés ni de boulous, ni de Kirdis ni de Sawa et de Mbamois. C'est le patrimoine du

8

Cameraun, tout comme l'était AMITY BANK, encore bradée par vous, hâtivement, sans aucun respect des formes ni des droits des promoteurs.

Je veux ma conscience libre, très libre, après vous avoir dit ces mots et fait ces révélations. J'ai dis ma part de vérité comme jadis Zola la sienne. Demain lorsque vous ne serez plus ministre, nous en reparlerons plus tranquillement. Vous me raconterez sans doute qui d'autre animait la cabale et la charge de la haine, mais quoi qu'il en soit, nous pardonnerons pour avancer et faire avancer notre pays, comme hier en Afrique du sud. Nous pardonnerons à tous, y compris à ces seconds couteaux serviles, ces mercenaires de la plume habitués à un journalisme d'indigence.

Il n'empêche, que pour monsieur Yves Michel Fotso, qu'il soit jugé, reconnu coupable ou pas, je vous assure d'ores et déjà que je resterai dans la même position, celle d'un citoyen admiratif de son génie et de son immense talent de capitaine d'industrie, d'un frère, d'un observateur sincère qui voit en lui la victime d'une entreprise d'acharnement jamais égalée dans toute l'histoire contemporaine de notre pays.

Demain, lorsqu'il sera temps pour une conférence de Vérité et de réconciliation, nous nous poserons tous la même question : POURQUOI ?

Monsieur le Ministre, Excellence,

Je vous souhaite bonne chance, et bonne année 2011
Aves les assurances renouvelées, de ma haute et fraternelle considération./.

Yaoundé, le 27 Décembre 2010

SHANDA TONME

S. Tonme

Cameroun, tout comme l'était AMITY BANK, encore bradée par vous, hâtivement, sans aucun respect des formes ni des droits des promoteurs.

Je veux ma conscience libre, très libre, après vous avoir dit ces mots et fait ces révélations. J'ai dis ma part de vérité comme jadis Zola la sienne. Demain lorsque vous ne serez plus ministre, nous en reparlerons plus tranquillement. Vous me raconterez sans doute qui d'autre animait la cabale et la charge de la haine, mais quoi qu'il en soit, nous pardonnerons pour avancer et faire avancer notre pays, comme hier en Afrique du sud. Nous pardonnerons à tous, y compris à ces seconds couteaux serviles, ces mercenaires de la plume habitués à un journalisme d'indigence.

Il n'empêche, que pour monsieur Yves Michel Fotso, qu'il soit jugé, reconnu coupable ou pas, je vous assure d'ores et déjà que je resterai dans la même position, celle d'un citoyen admiratif de son génie et de son immense talent de capitaine d'industrie, d'un frère, d'un observateur sincère qui voit en lui la victime d'une entreprise d'acharnement jamais égalée dans toute l'histoire contemporaine de notre pays.

Demain, lorsqu'il sera temps pour une conférence de Vérité et de réconciliation, nous nous poserons tous la même question : POURQUOI ?

Monsieur le Ministre, Excellence,

Je vous souhaite bonne chance, et bonne année 2011
Aves les assurances renouvelées, de ma haute et fraternelle considération./.

Yaoundé, le 27 Décembre 2010

SHANDA TONME

Post face

Pour comprendre aujourd'hui la malédiction des Noirs,
Oui, il faut le dire, les Noirs sont un peuple maudit; qu'il soit celui qui vit en Afrique, aux Caraïbes, en Amérique ou même en Europe.

En 2010, selon les statistiques des nations unis, les 10 pays les moins développés du monde étaient en Afrique. D'après ce rapport, dans ces pays, on vivrait le moins longtemps possible, le niveau d'éducation serait le plus bas, la satisfaction des besoins matériels essentiels tel que l'accès à une alimentation saine, à de l'eau potable, à un logement décent, à une bonne hygiène et aux soins médicaux étaient très réduite. Dans ces pays, les citoyens n'avaient pas assez de chance de prendre part ou simplement d'être impliques dans la prise des décisions sur le lieu de travail ou dans la société. Dans ces pays d'Afrique, tres peu sont les enfants qui ont la chance de célébrer leur cinquième anniversaire, beaucoup de femmes risquent de perdre leur vie pendant qu'elles donnent la vie. Les hôpitaux, les centres de santé, les dispensaires sont de véritables mouroirs. Les établissements scolaires sont de véritables comptoirs commerciaux où les différents acteurs de la chaine d'éducation sont plus affairés à se remplir les poches sur le dos des plus démunis que d'élaborer et construire le savoir.

L'autre élément pour comprendre la malédiction des Noirs, c'est la corruption. En 2010, onze des vingt pays les plus corrompus du monde étaient en Afrique au sud du Sahara. Cinq des dix pires dictateurs du monde étaient africains.

Par ailleurs, lorsqu'on considère la situation des Noirs qui vivent dans les pays occidentaux, le tableau est bien triste et donne même des larmes aux âmes sensibles. Ainsi, Bien que les Noirs en Amérique du nord et principalement aux Etats Unis d'Amérique comptent seulement pour 12% de la population totale, en 2008, ceux-ci étaient 38,9% de la population carcérale, contre 34% de Blancs et 20% d'Hispaniques. Il convient de préciser qu'en cette même année, les Blancs étaient 75% et les Hispaniques, 15% de la population totale. Un rapport plus précis du New-York Post montre qu'en 2008 à New-York, 82% des fusillades et 72% des braquages étaient commis par des Noirs ; Ceux-ci sont seulement à la même époque 23,7% de la population New-Yorkaise.

Au Royaume -Uni, autre pays développé qui abrite une importante communauté de Noirs jouissant des mêmes droits, avantages et prérogatives que le reste de la population, la situation n'est pas reluisante. En 2005-2006, plus de 7 Noirs sur 1000 étaient en prison ; ceci contre seulement quelques 2 Blancs sur 1000. 75% des interpellations intempestives, ce qui est dénommé là-bas <<stop and searches>> selon la Bristish Broadcasting coporation, BBC, concerne les Noirs. Alors tous les Noirs ne sont que quelques 2,2% au pays de la reine, ils constituaient dans le même temps 15% de ceux qui sont privés de liberté par la loi. Ceux qui ont été de passage à Londres ou y séjournent peuvent pour vous en dire long sur le massacre quotidien à l'arme blanche ou a l'arme a feu des jeunes Noirs entre eux.

Le cas de Haïti, première république indépendante noire, pays situé dans le continent américain, pays qui se discute la palme d'or de la pauvreté sur notre planète avec le Niger ;

nous en dit long la malédiction d'un individu des que celui porte la peau noire.

Au Brésil, avoir un pied dans la cuisine veut dire qu'on est à la fois descendant du maitre (Blanc, riche) et de l'esclave (Noir, pauvre). Le Brésil est le deuxième pays du monde qui a le plus de Noirs après le Nigeria. Ce n'est pas une coïncidence si la pauvreté est noire au Brésil. Certaines études relèvent sociologiques en effet qu'il y a une forte relation intime entre la couleur de la peau et les conditions de vie. Alors que Noirs et Métis représentent 46% de la population, ils représentent 63% des pauvres et 70% des indigents. Au Brésil, deux analphabètes sur trois sont Noirs. Ceux-ci vivent et étudient moins longtemps que les Blancs ; leurs chances de progresser dans l'échelle sociale sont de loin inferieures. Ils sont victimes de discrimination à l'embauche et restent relégués aux fonctions subalternes. Même à qualification égale, un Noir au Brésil ne peut espérer le même poste qu'un Blanc. Fait notoire pour conclure sur le cas du Brésil, ce n'est qu'un 1995 que le Brésil a eu pour la première fois un ministre noir en la personne du <<roi>> Pelé.

En Afrique du sud, la réalité de la malédiction des noirs résiste avec beaucoup de peine à la volonté politique et au politiquement correct. Celui qui a déjà pris l'avion pour Johannesburg, Cape town ou autre localité de l'Afrique du sud se rend compte de ce que la grande majorité des passagers sont Blancs, mais une fois au sol, ceux qui offrent leurs services pour transporter vos bagages pour l'extérieur contre modique rémunération sont Noirs. Voyagez plus à l'intérieur du pays, et vous trouverez que les inégalités entre Blancs et Noirs sont plus criardes.

D'un autre point de vue, lorsque nous considérons les cents premieres inventions et découvertes, depuis l'age de la pierre taillée à l'ere numérique d'aujourd'hui, une seule n'a pas été inventée ou découverte sur le sol africain ou par un Noir. Lorsque nous jettons un coup d'oeuil sur les cent premieres entreprises ou organisation du monde, tous secteurs confondus, un seule n'est pas installée sur le sol africain au sud du Sahara ou gérée par un Noir. L'homme Noir s'illustre tres généralement par son cannibalisme envers son alter comme il en est le cas dans plusieurs pays d'Afrique au sud du Sahara.

Cela fait pitie, pitié pour nous, pauvres hommes enfermés dans cette peau bazannée, brûlée par le soleil ; cela fait pitié d'entendre des têtes pas aussi débiles de dire qu'ils vont marcher dans les rues de nos villes pour un individu qui a entretenu des rapports sexuelles avec une mineure. Et pourtant, en février 2008, de jeunes hommes et femmes sans expérience en natation, se sont jettés dans le fleuve wouri parce qu'ils fuyaient la brutalité d'une police payée par les impôts et taxes de leurs parents ; certains ont été tiré dessus à bout pourtant ; les plus chanceux ont été envoyés en prison sans un procès équitable. Personne n'a entendu ces gueux dire qu'ils devaient descendre dans la rue défendre le sang et l'honneur de leurs concitoyens.

ND - #0252 - 080726 - C0 - 216/138/12 - PB - 9781844269761 - Gloss Lamination